基督徒經驗談
懷愛倫的信仰旅程

所以，你們不可丟棄勇敢的心；
存這樣的心必得大賞賜。
你們必須忍耐，
使你們行完了上帝的旨意，
就可以得著所應許的。

So do not throw away your confidence;
it will be richly rewarded.
You need to persevere so that when you have done the
will of God, you will receive what he has promised.

希伯來書 Hebrews 10：35-36

懷愛倫（Ellen G. White）

1827 年 11 月 26 日～ 1915 年 7 月 16 日，享年 87 歲。
父親羅伯特・哈門，母親友尼基・哈門，家中共有 8 個兄弟姐妹。

基督徒經驗談
懷愛倫的信仰旅程

基督徒經驗談
懷愛倫的信仰旅程

推薦序
Preface

　　若要認識一位偉人或名人，一般我們都會閱讀有關他或她的傳記或自己所寫的自傳。在我年輕的時候，一直喜歡看一些人物的勵志傳記，跟隨他們的腳蹤去體驗充滿艱辛的真實人生。

　　在認識接受信仰之後，對創立教會的那些先賢領袖，特別是懷愛倫女士，一直帶著好奇心，想要多了解認識她的生平事蹟。在一次偶然的機會，在教會圖書館看到《基督徒經驗談》這本書。書中內容有很多生動的故事，讓讀者讀起來趣味盎然，一點不覺得枯燥乏味，且讓讀者從多角度、多側面去了解懷愛倫這位傳奇人物的生平事蹟。本書可以說是作者信仰的心路歷程，從她的童年開始，如何受感化信主，描述她所見的第一個異象，如何開展佈道工作等，言簡意賅，概括了她一身七十年寫作傳道工作的縮影。

　　欣聞時兆出版社計劃出版此書，並加以修飾，配以插圖，使本書生色不少。特此推薦與不同年齡愛好者，希望本書能夠作為讀者信仰旅程中的良伴。

吳偉進牧師／北亞太分會會長助理

基督徒經驗談
懷愛倫的信仰旅程

出版序
Introduction

　　本書英文原著初版發行於 1922 年，乃懷愛倫師母自述個人的早期生活，並清楚描寫她的童年，以及之後她如何推展基督復臨信息、結婚生子、遭遇困難、成立教會、出版書刊，最後等候主復臨的這段經過，其中並特別突顯一些她認為比較重要的異象，此外，本書後面加上數篇附錄，以茲說明其先知身分和生平大事。本書中的每一篇文章都經過作者親自審閱，可惜未及付梓她即辭世，殊為遺憾。

　　近年來，許多讀者閱讀她的作品，如《善惡之爭》、《歷代願望》等預言之靈叢書，而欲知作者家庭和生活背景，以及身為教會先鋒的艱辛過程。故此，我們決定出版此書，並為了讓更多的廣大讀者能有興趣閱讀此書，我們除了著重在編排設計之外，更請專人針對重要內容添增插圖和照片，以加深讀者對作者的印象。

　　此書可稱為懷愛倫略傳，願讀者能藉由此書更深刻了解這位基督徒的生平，以及她如何為主作工之經驗，進而明白她的信仰所帶來的復臨運動。

時兆出版社編輯部　謹識

前言
Foreword

　　本書係自懷愛倫師母的著作中選輯短篇文章而成，特供繁忙的讀者閱讀之用。

　　懷師母從事傳福音的工作，計七十餘年之久。她公開傳道工作始於美國的緬因州，而終至加利福尼亞州。她的足跡幾乎遍歷美國各州，曾屢向人數或多或少的會眾，講述有關宗教和節制的題目。她曾以兩年時間旅行英、法、德、瑞士、丹麥、挪威和瑞典諸國，並以八年時間在澳洲、紐西蘭及塔斯馬尼亞等地，積極致力於服務工作。

　　懷師母在本書中，用她個人特有的簡明筆法，敘述她的早期生活，和她自童年起即從事於領人歸信基督的經驗，的確向讀者提供了一種最有興趣的基督徒服務史蹟。

　　無論旅行何處，在美國新英格蘭各州騎馬或坐馬車，在紐約州中部乘運河上的船隻，在德克薩斯州和奧克拉荷馬州搭移民隊的驛

車，在加利福尼亞州坐遊客的火車，或是搭乘橫渡大西洋或太平洋的遠洋輪船，她都盡量利用機會，隨時隨地「把這生命的道，都講給百姓聽」。

懷師母除了擔任傳講福音的工作，還經常為各種宗教期刊撰稿。她也寫作了不少的書。其中最主要的是五卷記述基督與撒但之間的「歷代之爭」叢書，首卷《先祖與先知》及末卷《善惡之爭》曾譯成多種語文出版；她的另一冊小書《喜樂的泉源》（亦名《拾級就主》）業已用七十餘種語文出版，她的這些著作都表現最純正的熱誠，並教導最高尚的道義，為要揭露撒但的狡謀，並警告我們謹防他的網羅，以及引人歸向基督，並高舉《聖經》的教訓。

依據懷師母的原定計畫，乃是要出版幾部小書，篇幅不多，內容記載她在言論與寫作中所喜愛一再向人宣述的大能救人真理，所以這些書的編輯，是在她逝世之前不久方才著手。本書剛開始編輯時，曾使她感到莫大的快慰，可惜她不及觀其抵成，殊為遺憾。

本書是自她多種書籍及期刊中選輯而成。書中論述忠心基督徒的權利與義務，清晰而令人感動，所描寫的基督徒之賞賜，亦復美妙而令人振奮。

但願本書能鼓勵眾多的讀者，並對於他們度基督化的人生大有裨益，是所盼禱。

懷氏託管委員會

目錄
Contents

基督徒經驗談
懷愛倫的信仰旅程

第一章 ▪ 我的童年
Chapter 1. Childhood

我出生於 1827 年 11 月 26 日美國緬因州的歌爾罕鎮（Gorhan，又稱戈勒姆鎮），我的父親羅伯特・哈門（Robert Harmon）和母親友尼基（Eunice Harmon）居住緬因州多年。他們早年即加入衛理公會，而且是熱心虔誠的信徒。他們曾在教會擔任重要職務，四十年來致力於勸化罪人，並從事推廣上帝的聖工。在這些年間，他們歡歡喜喜地看見他們的八個兒女，陸續悔改歸入基督的羊圈。

不幸的遭遇

當我還是孩童的時候，父母從歌爾罕鎮搬到了緬因州的波特蘭城。九歲那年，一件不幸的事情臨到我身上，以致它影響了我的一生。有一天，我和攣生姊姊以及同學一起經過城裡的市府前，當時有一個年約十三歲的女孩為了一點小事生氣，就扔了一塊石頭打中我的鼻子。我被石頭擊傷後，隨即失去知覺，暈倒在地。

當我醒來時，發現自己是在一家商店裡。有一位和善的陌生人自願用他的馬車送我回家，但我當時還不知道自己有多麼虛弱，我

告訴他說，我可以自己走回家去。當時在場的人，也都沒有想到我所受的傷會那麼嚴重，於是就允許我讓我自行回家；但我只走了幾步路，就覺得頭暈目眩，於是我的孿生姊姊和同學便將我抬回家。

遭遇這次不幸以後的那段時期，我什麼事都記不得了。母親說，那時我在床上昏睡了三個星期，當時沒有任何人相信我會復原，只有母親，她一直認為我會好起來。

懷愛倫出生地
傳統認為是懷愛倫位在歌爾罕鎮的出生地，但實際地點已不可考。

等到我恢復神智之後，彷彿覺得是從夢中醒來。我完全忘記了這件意外，也不曉得我為何生病。有人為我做了一張很大的搖床，我在裡面躺了好幾個星期。之後，我竟變得骨瘦如柴了！

這時我開始祈求主，讓我能預備好我的心以迎接死亡的到來。當一些信主的朋友來家裡拜訪時，他們問母親有沒有和我談過死亡的問題。我無意間聽到了他們的對話，便大為警醒。我渴望成為一名基督徒，所以懇切祈求上帝饒恕我的罪。結果我的內心得到了平安，期望去愛每一個人，並且盼望人人的罪都能得到赦免，就像我愛耶穌一樣。

被石頭擊傷

九歲那年，有一個年約十三歲的女孩為了一點小事生氣，就扔了一塊石頭打中我的鼻子，我隨即失去知覺，暈倒在地。

我的體力恢復得很慢。當我能夠和其他小朋友們一起玩的時候，卻被迫學習到一門痛苦的功課，那就是——朋友往往會按著我們的外貌來對待我們。

所受的教育

我的身體似乎是無法完全康復了。長達兩年之久，我無法用鼻子呼吸，更無法常到學校上課。我好像也沒辦法好好念書，因為我記不住自己所學的東西。那位使我遭遇不幸的女孩子剛好被老師指派為班長，她的責任之一就是幫助我學習寫字並預備其他的功課。雖然我避免向她提及此事，但她常為擊傷我的事感到後悔。她一直很溫柔忍耐地陪伴我，當她見我在極不利的條件下求學，她的臉上就會顯露出憂傷和難過的表情。

我的神經系統也常感到衰弱，雙手常常會不由自主地顫抖，以致在練習寫字時沒有多少進步，只能粗笨地寫出幾個簡單的字。而且當我勉強看書時，

　　只見到書上的字聚成一團，並且額頭上不斷冒出斗大的汗珠，然後頭昏腦脹，咳嗽得又很厲害。我的全身似乎非常虛弱無力。

　　我的老師都勸我暫時休學，等到我的健康情況好轉之後再來讀書。我因身體虛弱便決定輟學，並放棄之後上學的希望，這實在是我少年時期最難以忍受的事。

第二章 ▪ 感化信主
Chapter 2. Conversion

1840 年 3 月，威廉·米勒耳（William Miller）來到緬因州的波特蘭城，主持了好幾天的演講會，並談論基督第二次的降臨。這些演講極為動人，所以在他演講的卡斯科街的教堂裡，不分晝夜地都擠滿了人。聚會的人們並沒有表現出什麼狂熱的激動，但在聽眾的心中卻有一股極嚴肅的意念逐漸傳遍開來。不但城裡的人極表興趣，就連許多鄉下的人也都每天帶了乾糧蜂擁而來，從早晨直留到晚上散會才要離開。

那時我和幾個朋友也去參加了這幾場聚會，米勒耳先生明確地闡釋了諸般預言，打動了聽眾的心，使他們信服。他詳細講論預言中的各段時期，並引用了許多證據來鞏固他的觀點。他向那些未作準備的人，發出嚴正而有力的請求和勸勉，使眾人都著迷了。

靈性的奮興

後來又安排了一些特別的聚會，好使人們有機會尋求救主，並為那即將面臨的可怕大事早作準備。全城的人都懷著恐懼與知罪的

心情。各處舉行禱告會，各宗派的教會都呈現著一番奮興的氣象，因為他們都或多或少地受到基督即將復臨之信息的影響。

當人們被呼召到講臺前面認罪悔改時，隨即有數百名民眾應聲前去；這時我也夾在眾人中間，擠到前面去與那些尋求救主的人站在一起。但是我心裡總感覺不配稱為上帝的兒女。過去我時常尋求那在基督裡的平安，但我總覺得我得不著所盼望的自由和平安。有一種可怕的憂傷壓在我的心頭，我想不出自己做過什麼事，以致使我感到如此憂悶；但在我看來，我是不配進大國的，並以為這事簡直是超過於我所能企望的。

我既缺乏自信心，又感覺自己無法使別人瞭解我的心情，所以我並沒有去向信主的朋友們尋求指導和幫助。因此我便在黑暗與絕望的迷途中徘徊，這原本是不必要的，但他們因為看不透我的隱衷，所以一點也不曉得我的實情。

因信稱義

就在那一年的夏天，我的父母前往緬因州巴克司頓城（Buxton），去赴衛理公會的帳棚年會，他們也帶了我同去。我決定要在那裡懇切尋求主，並企盼於那時刻能藉著聚會讓我的罪得蒙赦免。我心裡渴望能因著基督徒的信獲得平安和盼望。

當我聽到某一次講道時，就得著很大的鼓勵。那次講論的主題是「我違例進去見王，我若死就死吧！」（以斯帖記 4：16）主講人提到那些在盼望和懼怕中徘徊猶疑不定的人們，說他們盼望在罪中獲得拯救，得著基督慈愛的赦免，但他們仍然因膽怯和害怕失敗而陷於疑惑與束縛之中。他勸勉這等人完全獻身與上帝，不要遲延，只管大膽來到主前求祂的慈憐。他們必能見到慈愛的救主樂意向他

們伸出恩惠的金杖，正如從前亞哈隨魯王向以斯帖表示恩寵一樣。凡是在主面前戰兢恐懼的罪人，只要伸出信心的手去摸那恩惠的金杖，那樣的觸摸就可保證必得赦免和平安。

我和幾個朋友也參加了這幾場聚會，米勒耳先生詳細講論預言中的各段時期，並引用了許多證據來鞏固他的觀點。

　　凡以為自己必須先預備好配蒙神聖的恩寵，然後才能領受上帝應許的人，其實是犯了嚴重的錯誤。因為唯有耶穌能潔淨人的罪愆；唯有祂可以饒恕我們的罪過。祂保證必親自垂聽一切因信而來到祂面前之人的呼求，並應允他們的禱告。但許多人有一種模糊的觀念，他們以為自己必須先作一番非常的努力，才能贏得上帝的恩寵。其實，若只靠自己乃是虛妄的，唯有藉著信心與基督聯合，罪人才能成為有指望有信心之上帝的兒女。

這些話很撫慰我的心，也給了我新的理念，使我知道應當怎樣才可以得救。

從此我更能看明自己所走的路，以前的黑暗也漸漸消散了。我懇求我的罪得蒙上帝的赦免，並竭力完全獻身歸主。然而我的心靈時常感到困惱，因為我還沒有體驗到我所認為是蒙上帝悅納之憑據的那種屬靈奮興，所以在我沒有得到這種奮興感之前，我總不敢相信自己是已經重生了，可見我是多麼迫切地需要單純信心的指導啊！

重擔除去

當我和其他尋求主的人一起俯伏在講臺前的時候，我心裡禱告說：「耶穌啊！求你扶助我，拯救我，不然，我必沉淪！我要不住地懇求，直到我的禱告蒙你垂聽，我的罪孽蒙你赦免。」當時我心中所感到的軟弱無能之情形，乃是我從來所沒有過的。

正當我跪著祈求的時候，重擔忽然離我而去，心裡變得輕鬆了。起先我非常驚恐，很想重新扛起原來的苦擔。因為我覺得我似乎無權享受這樣的快樂，但耶穌又似乎離我很近，我覺得我盡可以將一切的憂傷、困苦、危難都帶到祂面前來，正如耶穌在世時，那些需要祂幫助的人來到祂面前求助一般。我心裡確信祂明白我的特殊苦難並同情我的。我永不能忘記耶穌是如何向我這一個極不值得注意的人表示憐恤的寶貴確證。當我跪在祈禱的人群中間時，居然就在那短短的時間裡，我對於基督聖德所有的認識，竟遠超過以往所知道的。

一位虔誠的婦人走過來對我說：「親愛的孩子，妳找到了耶穌沒有？」我正要回答她說「是的，我找到了！」的時候，她就已經驚嘆地對我說：「妳實在找到了！妳所享有的平安，我可以在妳的

臉上看得出來！」

我屢次反覆地對自己說：「這就是信仰嗎？我會不會弄錯了呢？」我總認為這恩典是遠非我所能領受的，因為那是一個非常崇高的特權。雖然我太膽小而不敢公開地承認，但我總覺得救主已經賜福給我並饒恕了我的罪。

新生的樣式

在這次帳棚年會結束不久，我們便啟程回家。我心裡充滿了這次所聽見的講論、勸告與祈禱。自然界的萬物對我而言似乎也開始起了變化。就在年會的那段時間裡，天氣多半是陰雨，而我那時的心境也恰好和那時的氣候一樣。但現在和照明亮的陽光普照大地，地上充滿了光明和溫暖，樹木花草顯得更為鮮綠，天空顯得更為蔚藍，大地似乎在上帝所賜的平安下微笑著。同樣的，那「公義的日頭」之光線已經射透了我內心的烏雲，驅散了其中的幽暗。

在我看來，人人似乎都已與上帝和好，並受著聖靈的鼓舞。我眼前所見的萬物似乎都已經過了一番改變。樹木比先前更加美麗了，雀鳥的歌聲也是前所未有的甜蜜；我們似乎是在歌頌讚美創造天地的主宰。我甚至不願開口說話，唯恐這樣的快樂就要過去，而我也將要失去耶穌愛我的寶貴證據。

從此，我對於人生有了不同的看法，那使我童年黯淡憂鬱的苦難，我也視它為是出於上帝的恩慈，是為了我的好處，叫我的心志轉離世俗及其不能令人滿足的享樂，而傾向天國永恆的優美。

加入衛理公會的經過

我們從帳棚年會回家之後不久，我和其他幾個人就一起獲准加

入教會。對於受洗的事，我曾多番考慮。雖然我很年輕，但我總認為只有一種洗禮模式是《聖經》所認可的，那就是全身入水的浸禮。有幾位衛理公會的姊妹勸我相信《聖經》所說的洗禮就是灑水禮，但她們總是徒勞無功。

最後，那指定我們領受這嚴肅儀式的重大日子到了。那一天風很大，我們十二個人都下到海裡受浸。海裡的波浪很大，不斷沖上岸來，但當我負起這個沉重的十字架時，我心裡的平安卻如同河水一般。等到我從水裡起來，體力幾乎完全用光了，卻感覺到有主的能力降在我的身上。我覺得從此以後我不再屬於這個世界，因為我已經從水的墳墓裡復活，具有「新生的樣式」了。

當天下午，我正式成為衛理公會的信徒。

第三章 ▪ 開始工作
Chapter 3. Beginning of Public Labours

這時我渴望復學，再度嘗試接受教育，於是我就進入了波特蘭的女子神學院。但是當我再度開始就學時，身體卻又很快虛弱無力，顯然我若堅持繼續下去，就必付上生命為代價，於是我只好黯然返家。

我發覺我其實很難在女子神學院享受宗教的樂趣，因為那裡的環境，常引導人心轉離上帝。我有一段時期對於自己和成為基督徒後的造就頗為不滿，因為一直無法再次親身感受到上帝的恩典和慈愛，於是我的意志逐漸灰心失望，也因此極為憂慮。

波特蘭城宣講基督復臨

1842 年 6 月，米勒耳先生第二次來到波特蘭城卡斯科街教堂佈道。這時我正處在沮喪失意之中，並且覺得自己還沒有預備好迎見我的救主，所以我認為這次又能赴會聽他演講，實在是個很大的特權。城裡的人對這第二次的佈道會遠比第一次來得更為振奮，但有少數的例外，一些不同教派的教會拒絕米勒耳先生進去，或是有些

教會信徒直接走到講臺上企圖揭發這位演講者所傳的「異端邪道」，但總有成群甚為憂急的聽眾前來赴會，以致許多人無法擠進會堂裡，會眾都異常地安靜並專心聽講。

米勒耳先生講道的模式既非文采橫溢，也不激昂雄辯，他只是提出簡明而動人的事實來，使他的聽眾從冷淡不經意的景況中醒悟過來。他在講道時，總是引用《聖經》來證實他的話語和理論。他的話都帶有一種令人折服的能力，使人感覺句句都是真實的。

他是彬彬有禮且善於表達他的憐憫之情。當室內已滿到講臺兩旁顯得過分擁擠的時候，我曾看見他走下講臺，到下面的走道中攙扶體弱的老人或老婦，替他們尋找座位，然後再回去繼續講道。他確實是一位配稱為「慈父米勒耳」（Father Miller）的人，因為他對於前來聆聽講道的人，都懷著滿腔愛護的熱忱，他的個性溫和，為人忠厚，心地慈悲。

他是一位能引人入勝的演說家，他的勸勉對於自稱為基督徒以及冥頑不化的人，實為適當而且帶有能力。有時會場中呈現一種非常嚴肅的氣氛，幾乎令人痛苦扎心。聽眾都感覺到人類迫切的危機似乎即將臨到。許多人順服了上帝聖靈的感動，白髮蒼蒼的老翁與年邁的婦女們，都戰戰兢兢地來到臺前禱告；而那些身強力壯的中年人、青年與兒童，也都深深地受到感動。痛哭流淚的聲音與頌讚上帝的歌聲，已交織在禱告的壇上。

我深信上帝僕人所講述的嚴肅話語，所以當人們加以反對或嘲笑這些話題的時候，令我非常痛心。我常赴這些聚會，並且相信耶穌不久就要駕天雲降臨；我最大的焦慮就是要如何預備好迎見祂。我的心思不斷地專注在「心地的聖潔」這個主題上，我最大的願望就是要得到這莫大的福惠，並且感受到上帝已完全接納了我。

心靈上的痛苦

以前我從未在公眾面前作過禱告，就算是在禱告會裡，也只敢膽怯地說過幾句話。現在我受了感動，覺得我應當可以在人數不多的見證聚會中，藉著祈禱與眾人一起尋求上帝。但是我仍不敢這樣做，害怕自己會突然慌亂起來，無法表達自己的心意。但這種責任感是那麼強烈地壓在我的心上，甚至當我嘗試作私人的禱告時，就覺得自己好像是在褻瀆上帝一樣，因為我沒有順從祂的旨意。從此我被絕望悲觀所壓倒，以致有三個星期的時間覺得沒有一線光明能穿透我心中的幽暗。

我心志上的痛苦非常劇烈，有時整夜不敢闔眼，直等到我的孿生姊姊已睡熟，我才悄悄地下床來，跪在地上默默祈求，但心裡卻有無可言喻的痛苦。地獄裡永火焚燒的慘景常在我的眼前出現，我知道自己無法以目前的這種狀況持續生活下去，可是我又不想死，唯恐遭遇到罪人可怕的劫難。這時我真是羨慕那些承認自己已蒙上帝悅納的人！在我痛苦的心靈看來，基督徒的盼望是何等寶貴啊！

我有多次幾乎是整夜跪禱、嘆息而且顫抖，心中有難以言宣的痛苦，也有無法形容的絕望。我祈禱說：「主啊，開恩可憐我！」正如《聖經》中那位可憐的稅吏一般，連舉目望天也不敢，只是把臉俯伏在地上。我的身體消瘦，氣力衰弱，然而我卻沒有對其他人提說自己心中的痛苦與絕望。

夢見殿堂與羔羊

正當面臨如此沮喪的時刻，我忽然做了一個夢，它在我心中留下了深刻的印象。我在夢中看見一座殿堂，殿堂外有許多人成群結隊地想要擁進殿裡。等到時日到了，唯有在殿裡避難的人才能得救，

而在外面的人，卻將永遠滅亡了。許多在外面觀望，不想進去的人都各行己道，嘲笑那些進殿的人，並對他們說，這種求得安全的方法，乃是欺騙人的詭計，因為實際上並沒有什麼必須躲避的危險。他們甚至於將一些人擋住，攔阻他們不要那麼急忙進入殿中。

那時我擔心受到別人的嘲笑，心想最好等眾人都散開了，或是在他們看不見的時候，我才進入殿堂。但是人數不但未見減少，反而愈來愈多，我恐怕錯過機會，便速速離家，穿過擁擠的人群。我因切望走進殿內，故此對於四面擁擠的人們，不會去注意也不在意。

走進殿堂之後，我看見這座宏偉的殿宇只有一根巨大的柱子支撐著，柱子上縛著一個遍體鱗傷流血的羔羊。我們在場的人好像都知道這羔羊是因我們的緣故而被撕裂受傷的。凡進入殿內的人都必須到羔羊面前來承認自己的罪，在羔羊的面前有一排高的座位，上面坐著一群面帶喜容的人，彷彿有天上的光照在他們的臉上，他們讚美上帝，並唱著快樂感謝的詩歌，彷彿天使所奏的音樂一般。這些人都已在羔羊面前承認自己的罪，並且得蒙赦免，現在他們滿心歡喜地期待著一件快樂的大事來到。

就在我進入殿內之後，我也不由得懼怕起來，並感覺得羞愧，因為我必須在會眾面前謙卑，但我似乎是被迫向前，慢慢地繞著柱子而行，以便面向那羔羊，這時忽然有號角吹響，全殿震動，聚集在那裡的聖徒都發出勝利的吶喊，有一道眩目的亮光照耀殿堂，隨即又變成極其黑暗。那些快樂的會眾與亮光都不見了，只留下我一個人在那可怕的靜夜之中。

我醒過來時心中非常痛苦。很難相信只是作了一場夢，在我看來，我的厄運已經被注定了，好像主的靈已經離開我，永遠不再回來了。

夢見耶穌

不久之後，我又做了一個夢。我好像是處在一種沮喪而絕望的情況之下，雙手掩面，反覆地思想著：如果耶穌在地上的話，我就要往祂那裡去，伏在祂腳前，將我的一切痛苦都告訴祂。祂絕不會離棄我；祂必定會憐恤我，我也要永遠愛祂，事奉祂。

正在此時，門忽然開了，有一個身材魁梧容貌俊美的人走進來。他用憐恤的目光望著我，說：「妳願意去見耶穌嗎？祂就在這裡，如果妳願意，妳可以見到祂。帶著妳所有的東西，隨我走！」

我聽了這話，心裡有說不出的快樂，於是就歡歡喜喜地收拾好我僅有的一點東西，和每一件我所寶貝的小飾物，跟隨我的嚮導走。他領我到一個很不堅固且險峻的階梯旁，當我走上階梯時，他警告我要定睛向上看，不要分心，否則就會立刻感到暈眩而跌下去。曾有許多人攀登這個險峻的階梯，結果還沒有爬到頂上就摔下去了。

我們終於走到最後一階，站在一扇門的面前。我的嚮導指示我，將所帶來的東西全留在那裡。我欣然地把一切東西放下，他便將門打開讓我進去。過一會兒，我就站在耶穌面前了！那佳美的面容，我是絕不會認錯的，因為祂所顯現的仁愛和威榮，絕非他人所能擁有。當祂定睛望著我的時候，我立刻就感受到祂能洞悉我內心的一切思想和感覺。

然而，我卻設法想要躲避祂的目光，因我受不住祂那洞察人心的凝視，但祂卻帶著微笑走近我，按手在我頭上說：「不要怕！」那溫和的聲音振奮了我的心，使我得著一種從未體驗過的快樂。我真是太高興了，甚至一句話也說不出來，心中被強烈的情緒所勝，就仆倒在祂腳前。當我伏在地上軟弱無力的時候，有許多華美榮耀

夢見耶穌

我終於走到快接近一扇門的面前。天使將門打開讓我進去。過一會兒,我就站在耶穌面前了!那佳美的面容,我是絕不會認錯的!

懷愛倫的信仰旅程

基督徒經驗談

的景象從我面前經過,我似乎已經到了天國穩妥平安之境,等到我的氣力終於恢復了,我才能站起來。耶穌那雙充滿憐愛的眼睛仍然望著我,祂的微笑使我的心靈充滿了快樂。祂的降臨激起了我聖潔的敬畏和說不出的愛慕。

這時我的嚮導把門打開,我便走出門外。他叫我重新拿起我先前留在門外的東西,然後又遞給我一條繞得緊緊的綠色繩子。他指示我將這條繩子放在靠近胸口的地方,何時我想要見耶穌,就可從胸前拿出這條繩子來盡量伸直。他警告我不可讓那繩子盤繞太久,以免成了死結,不容易再拉直。於是我將這條繩子放在我的胸口,滿心歡喜地走下那狹窄的階梯,一邊讚美主,一邊告訴我所遇見的眾人,他們在什麼地方可以尋見耶穌。

這夢使我有了盼望。在我看來，那綠色的繩子就代表信心，只要單純地信賴上帝的美妙，它會如同曙光一樣漸漸開啟我的心靈。

友誼的同情與勸慰

此時我將所有的憂愁和困惱都告訴了母親，她親切地安慰我、鼓勵我，並勸我去請教史塔門牧師（Stockman）；那時他正在波特蘭傳揚基督復臨的道理。我對他非常信任，因為他是基督的忠僕。他聽了我的經歷之後，便很親切地按手在我頭上，含著滿眶的眼淚對我說：「愛倫，妳現在只不過是一個小孩子。很少人能在妳這樣幼小的年齡，就有了如此奇妙的經驗，耶穌一定是在預備妳為祂作一番特別的工作。」

隨後他又告訴我，即使我已是一個成年人，只要是處在被疑惑和絕望所困的情況下，他仍然會告訴我，只要透過耶穌的愛，我還是有希望的。我心中所受到的痛苦，就是一個明確的憑據，證明主的靈感動著我。他說當罪人在罪中頑梗不化的時候，他就看不出自己罪惡的沉重，反要自慶自慰，以為自己做得還不錯，也不致遭遇到什麼危險。如此一來，主的靈便要離開他，他就會變成疏忽、冷淡、膽大妄為。這位慈祥的老人也告訴我，關於上帝對犯罪的兒女所懷的慈愛，不但不歡喜看到他們滅亡，反而極願吸引他們憑著單純和依靠的信心來歸向祂。他還特別強調了基督偉大的愛和救贖的計畫。

史塔門牧師提到我童年不幸的遭遇，雖說那的確是一個很悲慘的經驗，但他勸我相信慈愛天父的手並沒有從我身上收回；等到未來，那籠罩我心中的雲霧消散的時候，我就會明白這看似非常殘酷而玄妙莫測的經驗，乃是天意的智慧。耶穌對祂的門徒說：「我所作的，你如今不知道，後來必明白。」（約翰福音 13：7）在那遠大

的將來，我們對著鏡子觀看不再模糊不清，卻要面對面地看明神聖之愛的奧祕了。

他對我說：「愛倫，妳儘管放心回家去吧！只要全心信靠耶穌，因為對於一切真心尋求祂的人，祂是絕不會保留祂的大愛而不賜給他們的。」隨後他就為我懇切禱告，看來即便是我卑微的請求不蒙主垂聽，但這位聖徒的祈禱總會蒙上帝應允。當我聽到這位屬靈的老師溫柔智慧的勸勉時，我便大放寬心，心中那股一直被懷疑和恐懼所奴役的情緒就消散無餘了。我離開時，滿心安慰，大受鼓勵。

在我與史塔門牧師談話的短短幾分鐘內，我對於上帝的大愛和溫慈的憐憫所得到的認識，比我以往從一切講道與勸勉之中所領受的還多。

首次在公眾面前祈禱

我回家之後，再次到主面前許願：只要有耶穌的笑容鼓舞我的心，我就願意從事並忍受所要我做的任何事。那從前常煩擾我心的責任，又出現在我面前了——就是要我在上帝所聚集的百姓中揹起我的十字架。機會很快就來到了！當天晚上叔父家裡有一個祈禱聚會，我便前往參加。

當別人都跪下祈禱的時候，我也和他們一同跪下，全身發顫，等到幾個人禱告過了，我也不知不覺地發出禱告的聲音。那時上帝的應許向我顯明，它們彷彿是許多寶貴的珍珠，祂告訴我，只要祈求就可以得著。當我全心全意禱告的時候，我心靈上忍受已久的痛苦重擔都離開了，主的福惠如甘露降在我身上。我從心靈的深處讚美上帝，除了耶穌和祂的榮耀，各樣事物似乎都與我隔絕，不久我便對周圍所發生的事完全不知，我失去知覺了！

上帝的靈大有能力地降在我身上，因此那天晚上我無法回到家中。等我醒過來之後，發現自己仍然留在叔父家，也就是在我們原來舉行禱告聚會的地方。我的叔父和嬸嬸對於宗教都沒有興趣，雖然叔父過去曾經一度信奉過基督教，卻早已冷淡背道了。後來我聽說，那天晚上當上帝的能力那樣明顯地降在我身上的時候，他曾大受感動，並在房間裡走來走去，心裡感到非常的不安與苦惱。

當我初次仆倒在地的時候，在場的幾個人大為驚慌，急忙想跑去請一位醫生來，以為我得了什麼危險的急症，可是我的母親卻叫他們不要管我，因為她和其他幾位有經驗的基督徒都很明白，我仆倒乃是由於上帝奇妙的能力所致。等我第二天回家的時候，我的心裡已經起了很大的改變。在我看來，我再也不是前一天晚上，那個從自己家裡出來的那個女孩了。我思想中常默念著這節經文：「耶和華是我的牧者，我必不至缺乏。」（詩篇 23：1）當我輕輕地反覆背誦這兩句話時，我的內心充滿了喜樂。

對於天父大愛的觀感

現在我心裡充滿了信心！我覺得有一種無法言喻的愛上帝之心，並且有祂的靈證明我的罪已得蒙赦免。我對於天父的想法也與過去不同了。我現在看祂是一位仁慈溫和的父，而不再是一個強迫人盲目服從的嚴厲暴君了。我的心以深切而熱烈的愛嚮往於祂，我以順從祂的旨意為樂，並以為祂服務而感到榮幸，再沒有任何陰影能遮蓋住那向我顯示上帝之完美旨意的亮光了。我確知在我心中有救主居住，並且我深深體會到基督所曾經說過的真理：「跟從我的，就不在黑暗裡走，必要得著生命的光。」（約翰福音 8：12）

我現在的平安和快樂，與我先前的憂鬱和痛苦，成了顯著的對比，甚至令我感覺自己好像是從地獄裡被拯救出來接到天國一樣。

我甚至對那折磨我一生的不幸遭遇，不再怨天尤人，反而轉過來讚美上帝，因為這件事竟成了一個能使我的思想專注於永生的媒介。若不是這場嚴重的苦難，使我隔絕了世俗的成功和虛榮，我那本性的驕傲與野心可能會使我不肯將心獻給耶穌。

有半年之久我的心靈沒有一點暗影，我也沒有忽略任何一項我所當盡的本分。我獻上全部的精力來實現上帝的旨意，並且不斷地思念耶穌和天國。基督的救贖和祂的工作這時極清晰地向我顯明，使我不勝驚訝，大為喜樂。我不必為我當時的思想情況再多做解釋了；總之，舊事已過，一切都變成新的了。再沒有什麼陰影可以損壞我美滿的福樂，我渴望述說耶穌仁愛的故事，但我卻不想與任何人作凡俗的交談。我心裡充滿了對上帝的愛，和那出人意外的平安，因此，我很喜歡默想和祈禱。

為主作證

在我領受了這麼大的福惠後的第二天晚上，我參加了一次復臨運動的聚會。當時機來到讓基督徒為主作見證時，我再也不能保持緘默，便站了起來述說我的經驗。當時我並沒有想到我應該講什麼話，但耶穌愛我的這個單純故事從我口中竟滔滔而出，我的心因脫離了黑暗與失望的捆綁而感到非常地快樂，甚至對於周遭的聽眾竟毫無所覺，似乎我是單獨和上帝同在。除了因聲淚俱下而說話間斷以外，我毫無困難地表達了我心中的平安與喜樂。

史塔門牧師當時也在場。他最近曾見過我陷於極度的絕望之中，現在他見我的束縛已被解除，他便大受感動，潸然淚下，和我一同快樂，並為這顯明上帝憐憫與慈愛的憑據而大大地讚美祂。

在我領受了這次的大福惠之後不久，我參赴了在基督徒會堂所

召開的一次聯合聚會。布朗牧師是該堂的主任。我被邀請上臺講述我的經驗；我不但覺得講話時非常自由，同時也因講說耶穌愛我的單純故事，並因得蒙上帝的悅納而感到快樂。當我以順服的心懷和滿眶的熱淚講話時，我的心靈似乎因感謝而被提昇到天上。有上帝融化人心的能力降在聚會的眾人身上。許多人感動得流淚不止，其他人則開口讚美上帝。

當臺上呼召人們起立禱告時，許多人便應聲而起。我的心非常感謝上帝所賜給我的福氣，因此我熱切盼望別人也可以與我分享這聖潔的福樂。我極其關心那些因背負罪孽的重擔，並感覺不蒙上帝悅納而精神痛苦的人。當我敘述自己的經驗時，我可以感受到沒有人能抗拒或否認上帝赦罪之愛在我身上所做的奇妙改變之憑據。真正悔改的實情，在我看來是非常簡明，所以我極願幫助我的青年朋友們進入光明之所，於是就利用每一個機會盡力成全此事。

為青年朋友們操勞

我安排與一些青年朋友們聚會，他們中間有一些人比我年長，有少數人是已婚的。中間也有不少人是愛慕虛榮且漫不經心的；我的經驗在他們聽來好像是沒有意義的閒談，所以他們沒有聽我的懇勸。但我定意除非他們悔改信服上帝，不然我絕不停止我的工作，因為我對這些可愛的青年人非常關切。我用了幾個夜晚的功夫，將那些我所尋找到的青年人聚集一起，共同懇切地禱告。

在他們中間有一些人是因為好奇而來，想要聽我究竟講些什麼事；還有一些人認為我這樣堅持不斷地努力，也許是精神錯亂了，因為他們對於自己得救的問題，顯然並不在意。即使我們每一次的聚會人數都很少，但是我都恆切而分別地勸戒每一個人，並為他們禱告，直到每一個人都歸服耶穌，並承認上帝赦罪之愛的功勞為止。

最後每一個人都悔改歸向了上帝。

我夜夜在夢中都好像是在為救人而操勞。在這樣的時間之內，我顧念到幾個人的特別情形，後來就去找到這些人，和他們一同禱告。結果除了一個之外，這些人都獻身歸主了。有一些較為注重形式的弟兄怕我在救人的事上太過熱心，但我卻認為時間太短促，所以凡具有永生洪福之望並仰望基督早日復臨的人，都應當不斷地努力，為那些仍然留在罪中而瀕臨可怕之滅亡邊緣的人作工。

我雖然年紀很輕，但救恩的計畫已經非常清楚地向我顯明，加上我的親身經驗又是如此深刻，因此經過一再考慮之後，就認明自己有繼續努力拯救那寶貴生靈的義務，並利用每一個機會禱告並向基督認罪。我已全然地獻身為主服務。我決定無論如何，一定要求得蒙上帝的喜悅，並使我的生活表明我是在盼望救主復臨賞賜忠心的人。我覺得自己來到上帝面前，就如同小孩子來到父親面前，詢問祂我可以為祂做些什麼事。等到所應盡的本分向我顯明時，我就欣然以赴。有時我遇到了一些特別的考驗。一般比我年齡較長經驗較多的人，總想攔阻我並冷卻我信心的火焰，但既有耶穌的笑容常使我的生活充滿光明，又有上帝的大愛在我心裡，我就本著愉快的精神勇往直前了。

第四章 ▪ 基督復臨的信仰
Chapter 4. The Advent Faith

父親和家人仍時常前往衛理公會的教堂聚會，同時也參加個人所舉行的家庭查經見證聚會。

在查經見證會中的經驗

有一天晚上，我同哥哥羅伯（Robert）一起去赴查經見證會。教會的首席長老那天也在場。當作見證的機會輪到我哥哥的時候，他便以極謙遜的態度和清晰的話語，說到我們當怎樣地完全預備妥當，以便迎接救主有能力有大榮耀駕著天上的雲降臨。當我的哥哥在講話的時候，他那素常蒼白的臉上煥發著一種屬於天國的光輝。他的神情似乎是遠遠超脫了當前的景物，如同是站在耶穌面前發言一樣。

等到我被邀作見證時，我也精神活潑地站了起來，懷著滿腔的熱愛與平安，敘述自己先前怎樣在自覺有罪的情況中極感痛苦，後來又怎樣終於得到了所渴望已久的福惠——因著我完全順從上帝的旨意，以及我對於救贖主快要來接祂子民回家的這個信息所洋溢著的喜樂。

當我暫時停下我的見證時，首席長老便問我，我們在世上過著一個較長壽的日子，同時作些好事來幫助別人，豈不是比盼望耶穌快速降臨，毀滅可憐的罪人會更快樂嗎？我回答說，我還是渴望耶穌再來，那時罪惡便要止息，我們也可以永遠在聖潔中喜樂，再沒有魔鬼來試探我們，引誘我們走入迷途了。

散會之後，我感到那些先前對我親熱而友善的人們，現在變得冷淡無情了。我和哥哥回家的時候，我們心裡實在難過，因為弟兄們竟這樣誤會我們，而且想不到「耶穌快來」的這個主題竟會在他們心裡引起如此強烈的反彈。

洪福之望

我們在回家的路上，誠懇地談論到我們的新信仰和指望的確據。羅伯說：「愛倫，難道我們受騙了嗎？基督快要降臨地上的這個指望，難道是異端，以致教會中的牧師和信徒們要這樣狠毒地反對嗎？據他們所說，耶穌在這幾千年之內是絕不會來的。如果他們所講的有幾分真理的話，那麼，世界末日在我們這一世代是不會實現的了！」

我不敢讓懷疑的種子在我心中佔有絲毫餘地，因此我很快地回答他說：「米勒耳先生所講的是真理，我一點也不懷疑。你看他的話有多大的力量啊！這足能使罪人的心得到何等地感悟啊！」

我們一邊走路，一邊坦率地討論這個問題，並且決心以仰望救主降臨為我們的本分與特權，我們在祂顯現之前準備好，以便快樂地迎接祂，這乃是最妥善的。等到祂真的來了，那些說「我的主人必來得遲」而毫無指望見祂的人，將有何等的結局呢？我們真不明白，為什麼這些傳道人竟在這個警告信息傳遍天下的時候，還敢以「平安！平安！」來安撫一般罪人和在道理上冷淡之人的恐懼。我

們深覺當前的時機已經非常緊急，再沒有光陰可以耗費了。

羅伯又說：「觀果知樹，我們且看這個信仰已經為我們成就了什麼呢？它已經使我們感悟到我們還沒有預備好迎見主，因此，我們應當追求心靈聖潔，否則我們就不能平平安安地迎見救主。它已經激發我們向上帝尋求新的力量與安慰。」

「愛倫，這真理為妳成就了什麼？如果妳未曾聽過基督快來的道理，妳能像現在一樣嗎？它在妳心中引起了何等的希望，它帶給妳怎樣的平安、喜樂、仁愛呢？至於我，它已為我成就了一切。我愛耶穌和所有的基督徒。我愛參加禱告聚會。我在讀經祈禱時，得到了極大的快樂。」

我們倆都感到因這次的談話而增添了不少力量，並且立志絕不放棄我們現在所確信的真理，和等候基督行將駕雲降臨的洪福之望。我們很感謝上帝，因為我們能辨識這寶貴的真光，並能快樂地等候主的降臨。

在查經見證會中的最後見證

這事之後不久，我們又去赴了一次查經見證會。我們想要藉此得到一個機會，述說那激勵我們心靈的上帝祂那寶貴的慈愛。我特別想要講述上帝對於我的仁慈與憐憫。我的內心已經起了一種極大的改變，因此我覺得應當利用每一次機會為救主的慈愛作見證。

等到輪到我起來說話時，我便列舉了享受耶穌之愛的所有憑據，並說明我滿心快樂地仰望能早日迎見我的救贖主。基督復臨已近的信仰激動了我的心，使我更迫切地追求上帝的靈來使我成聖。

說到這裡，那領會的主席打斷了我的話，他說：「姊妹，妳是因

衛理公會的教義而成聖的，並不是因什麼異端邪說而使妳成聖的！」

我覺得我必須為真理辯白，因為我心裡所得到新的福樂並不是因為衛理公會的教義，而是因為耶穌親自顯現的動人真理。我是因這真理才得到平安、快樂和完全的愛。我的見證就是這樣結束了，這也是我最後一次在查經見證會中向衛理公會的弟兄們所作的見證。

接著羅伯以他那謙和的態度講話了，但他的口齒清楚而表情動人，以致有些人因而落淚，大為感動，但也有些人故意咳嗽表示反對，作出極不耐煩的樣子。

我們離開會場之後，又談起我們的信仰，並感到十分奇怪，為什麼我們教會內的弟兄姊妹在我們一提起救主再來的事，就那樣地忍受不住，一再反對？我們都覺得此後不應再去赴查經見證會了。基督榮耀顯現的指望已充滿了我的心，所以總要在我們站起來說話時有所表露。很顯然地，我們在查經見證會中是已不可能再自由說話了，因為我們的見證，只會使我們在散會後聽到那平常所愛戴的弟兄姊妹對我們的譏誚與嘲笑。

廣傳復臨的信息

那時，復臨信徒們都在貝多芬堂（Beethoven Hall）裡聚會。我的父親和家人也經常赴會，當時大家以為基督復臨會是在 1843 年。由於認為人們可以得救的時間是極其短促，因此我決心要盡我所能的，去引領罪人來就真理之光。

在家裡我有兩個姊妹──其中有一位是比我大幾歲的撒拉（Sarah），還有一位是我孿生姊姊以利沙伯（Elizabeth）。我們常常談論這個問題，然後決定要盡我們所能的去賺一點錢，以便購買書

籍和單張免費分贈給人。這是我們所能盡的最大努力，而且我們欣然去做了。

我們的父親是一個製帽的工匠，他所分發給我的工作是織帽邊，因為這是最容易的工作。同時我也織襪子，每雙的工錢是二角五分。那時，我的心臟非常衰弱，所以我不得不斜靠在床上工作。雖然我每天都坐在那裡，但心中總是很快樂的，因為我那顫抖的指頭還能作一點工，賺得微薄的工錢，來奉獻給我最心愛的事業。我一天所得只有二角五分錢，我每次得到這寶貴的幾枚銀幣時，總是非常小心地儲存起來，準備用來購買書報和傳單，去光照並喚醒那些處在黑暗中的人們。

我從未想把所賺得的錢用在我個人的享受上。我的服裝簡樸；也不會想花錢去買什麼不必要的妝飾，因為我總認為虛華的妝飾是罪惡的。因此我常有一點薄款存在手邊，可以隨時購買合適的書報交給有經驗的人，請他們代送至海外各地。

在我的眼中，每一頁印刷品我都視如珍寶，因為它對於世人猶如光明的使者，囑咐他們為那迫近眼前的大事作準備。我心頭上的負擔就是救靈的工作，我也常為那一班自得自滿的人感到痛心，因為正當這個警告的信息傳遍全世界的時候，他們竟自認是安全無虞的。

靈魂不死的問題

有一天，我聽見母親在同一位姊妹談話，提到她最近所聽見的一篇講章，說到靈魂並不是永遠存在的。她們也提出了那位牧師所引證的《聖經》章節，其中令我印象最深刻的，就是以下這幾個章節：「犯罪的，他必死亡。」（以西結書 18：4）「活著的人，知道必死；死了的人，毫無所知。」（傳道書 9：5）「到了日期，那可稱頌、

獨有權能的萬王之王、萬主之主，就是那獨一不死的。」（提摩太前書6：15-16）「凡恆心行善，尋求榮耀、尊貴和不能朽壞之福的，就以永生報應他們。」（羅馬書2：7）

母親在引述上面最後一段經文之後，便提出問題，說：「既然有了不朽壞的生命，又何必再去尋求永生呢？」

我以熱切和傷痛的心情從旁聽到這些新的說法。當我有時間與母親單獨在一起的時候，我就問她是否相信人的靈魂是永遠存在的。她回答我說，他擔心我們過去對於這個議題所抱持的觀念是錯的，還有其他一些觀念也都是錯誤的。

我說：「可是，媽媽！妳真的相信人死後就只是在墳墓裡睡覺，直到他復活之日嗎？妳不認為基督徒死了之後，應該是立刻到天堂或立刻下地獄嗎？」

她回答道：「《聖經》並沒有給我們任何證據，說明有一個永遠焚燒的地獄。若果真有這麼一個地方，那麼《聖經》上應該會有明文記載。」

「母親，妳怎麼啦？」我在震驚之中不禁喊叫起來，「妳怎麼會說出這種奇怪的想法？如果妳真的相信這種奇怪的道理，可不要讓別人知道，因為我真怕人們會因這種道理而姑息自己，而不再想尋求主了！」

她回答說：「如果這個道理真的是《聖經》裡面的真理，那麼，它非但不會攔阻罪人得到救恩，反而會引領他們來就基督。如果上帝的愛不足以感化叛逆的人來順服於祂，那麼，即使有一個永遠焚燒的恐怖地獄，也無法使他們悔改的。更何況，利用這種方法——藉著引動人性劣根性之一的恐懼心理，來叫人歸向耶穌，並不是一

個正確的方法。唯有耶穌的愛才能吸引人，祂的愛才足以馴服最剛硬的心腸。」

這次談話以後約數月之久，我再沒有聽到任何有關這個道理的言論，但我卻在這段時期時常思想這個問題。等到我陸續聽到人傳講這個道理時，我就確信這乃是真理。自從這個有關死人沒有知覺的道理向我開啟以來，那個曾經籠罩在復活問題上的神祕陰影，便全然消失了，這件大事似乎含著一種新穎卓越的重要意義。過去我總無法解決「人死後立即得獎賞（升天），或立刻受處罰（下地獄）」，或是「將來死人要復活接受審判」，這兩種觀念之間的矛盾衝突，因此我的思想時常感到苦惱。因為，如果人死後立即享有永遠的福樂或接受永久的痛苦，那麼，又何必還要讓這個腐朽的身體復活呢？

可是現在這個美妙的新道理，已經教導我明白，為什麼古時受聖靈默示的作家們要特別說明身體復活的道理，原來我們整個人都在墳墓裡沉睡。從此，我就更明白地看出，我們先前對於這個議題所持守的立場是謬誤的。

牧師的訪問

我們全家對於救主快要復臨的道理，都感到深切的興趣。父親原是衛理公會的領袖之一，他常擔任勸勉信徒的工作，也常在郊區的家庭聚會中領會。然而，這時有一位衛理公會的牧師特地來拜訪我們，並在這次訪問中，說明衛理公會的信仰與我們的信仰不同，他沒有問起我們信仰這個道理的緣由，也沒有引用《聖經》來指明我們的錯誤，他只說我們領受了一種新奇的信仰，是衛理公會所不能接受的。

懷愛倫相片紀實

懷愛倫
和她的孿生姊姊以利沙伯
1878年

我們常常談論如何引領罪人來就真理之光，然後決定要盡我們所能的去賺一點錢，以便購買書籍和單張免費分贈給人。

我的父親回答他說，稱這個道理為新奇的，必是搞錯了，因為基督自己在教訓門徒的時候，也曾傳講祂復臨的道理。祂說：「在我父的家裡，有許多住處；若是沒有，我就早已告訴你們了，我去原是為你們預備地方去。我若去為你們預備了地方，就必再來接你們到我那裡去。我在哪裡，叫你們也在那裡。」（約翰福音 14：2-3）另外，當祂被接升天時，祂忠心的門徒站著定睛望天的時候，「忽然有兩個人身穿白衣，站在旁邊，說：『加利利人哪，你們為什麼站著望天呢？這離開你們被接升天的耶穌，你們見祂怎樣往天上去，祂還要怎樣來。』」（使徒行傳 1：10-11）

我的父親對於這個道理愈講愈興奮，又繼續說：「那受聖靈感動的保羅，曾經寫過一封鼓勵他在帖撒羅尼迦弟兄們的信說：『也必使你們這受患難的

人與我們同得平安。那時，主耶穌同祂有能力的天使從天上在火焰中顯現，要報應那不認識上帝和那不聽從我主耶穌福音的人。他們要受刑罰，就是永遠沉淪，離開主的面和祂權能的榮光。這正是主降臨、要在祂聖徒的身上得榮耀、又在一切信的人身上顯為希奇的那日子。』（帖撒羅尼迦後書1：7-10）『因為主必親自從天降臨，有呼叫的聲音和天使長的聲音，又有上帝的號吹響，那在基督裡死了的人必先復活。以後我們這活著還存留的人必和他們一同被提到雲裡，在空中與主相遇。這樣，我們就要和主永遠同在。所以，你們當用這些話彼此勸慰。』」（帖撒羅尼迦前書4：16-18）

「這就是我們信仰的最高權威。耶穌同使徒們常以歡欣凱旋的心情，來講論復臨的重大事件，而且聖天使也宣稱這個升上天去的基督將要再來。這就是我們的根源——相信耶穌與使徒們的話。這是一個古老的道理，而是毫未受異端玷污的。」

牧師沒有試圖引證一段經文來指明我們的錯誤，只是以時間匆促為託辭。他勸我們安靜無事地脫離教會，以免受公開的審問。我們已經知道，一些其他弟兄們正因這相同的緣故受到這種待遇，同時我們也不願有人誤會我們以承認自己的信仰為恥，或是不能用《聖經》來證明這種信仰，因此，我的父母堅持要了解牧師這種要求到底有何根據。

他唯一的回答是閃爍其詞地說我們違犯了教會的規定，希望我們自動脫離教會，避免公開的審問，乃是上策。我們回答說，我們情願經過一番正式的審問，務要知道他們告我們的究竟是何罪，因為我們自覺仰望並愛慕救主的顯現，是沒有錯誤的。

註：哈門先生一家人因堅持要為「基督快要復臨」的道理做見證，最後他們脫離了衛理公會。

第五章 ▪ 大失望
Chapter 5. The Disappointment

我們存著謹慎戰兢的心情，等候我們所期待的救主顯現的日子。我們全體信徒以嚴肅的熱忱力求使自己的生活純潔，以便在祂降臨的時候預備好迎見祂。我們仍然在城中許多私人家裡召開聚會，成績也非常令人欣慰。信徒們都受到鼓勵，踴躍地為自己的親友作工，悔改歸主的人數也與日俱增。

貝多芬堂的聚會

雖然有許多教會和牧師起來反對，但波特蘭城的貝多芬堂仍然是每晚人滿為患，星期日的參加者尤為眾多，各界人士也都蜂擁而來。無論貧富貴賤、身分高低，或教牧人員、一般民眾，都抱著不同的動機，急欲親自聆聽基督復臨的道理。許多人來了，見會堂擁擠得沒有立足之地，就很失望地回家了。

聚會的程序很簡單。通常先有一篇簡短而切題的講道，然後讓個人自由發表勸勉人的話。雖然聚會的人數很多，但是會場內總保持著十分肅靜的氣氛。當主的忠僕們述說自己信仰的緣由時，祂便

遏制住反對的勢力。有時作上帝器皿的人軟弱了，但有上帝的靈使祂的真理大有權威和能力。聽眾都覺得有聖天使在場，天天都有人加入這一小群的信徒當中。

有一次，當史塔門牧師講道的時候，有一位浸信會的傳道人布朗牧師坐在講臺旁邊，聚精會神的地仔細聆聽。他大受感動，忽然臉色變成灰白如同死人，在他的座位上暈倒了，當他正要倒下去的時候，史塔門牧師連忙伸出手來扶住他，把他放在講臺後面的沙發椅上，他便軟弱無力地躺在那裡，直到講道結束。

後來他站了起來，雖然臉色還是很蒼白，卻煥發著從那公義的日頭而來的光輝，並作了一個很動人的見證，他似乎是從上天領受了聖靈的恩膏。他向來說話緩慢，帶著懇切的態度，全然沒有興奮激昂的樣子。這時他那嚴肅而慎重的話，帶有一種新的力量。

他簡單而直爽地歷敘自己的經驗，以致許多向來深懷成見的人亦為之潸然淚下。他的言詞和面容都反映上帝的靈，他以聖潔的奮興放膽聲明他已經接受《聖經》為他的指導；他的疑惑已經一掃而空，他的信心更堅強了。他誠懇地勸告在場的牧師、信徒、民眾、不信者等人，務要自行查考《聖經》，並囑咐他們，不可讓任何人使他們放棄探究何為真理的心願。

他講完之後，便請凡願意要上帝子民為之代禱的人起立，當時有幾百個人回應他的呼召。聖靈臨格在會中，天上與地上似乎有互相連結。聚會一直持續到深夜。無論是青年、老年或中年人，都感受到有上帝的能力在他們身上。

然而，這位布朗牧師始終沒有與他的教會脫離關係，但信徒們都非常敬重他。

快樂的期望

在我們各自回家的時候，有讚美上帝的歌聲從某一方向傳來，立刻從第二個、第三個方向也發出讚美的喊聲，似乎是在回應前面的歌聲：「榮耀歸與上帝，耶和華為王！」人們回家時，一路上頌讚上帝，他們快樂的歌聲衝破了靜夜的天空。這種深刻動人的景象，是每一個參赴這些聚會的人永不能忘記的。

凡誠心愛耶穌的人，必能體會到那些極其迫切仰望救主降臨之人的心情。我們所期望的時辰快要臨近了，我們希望與主相會的時日就近在眼前。我們以鎮靜嚴肅的心情等候那日子。真實的信徒們安歇在與上帝最親密的交往中——這乃是光明之來生中，他們平安的預嘗。凡經歷過這樣的希望和信靠的人，永不會忘記那寶貴的期待時期。

有幾個星期之久，世俗的很多商業活動都停止了。我們仔細地察驗自己心中的每一思想和情感，好像我們正躺臥在臨終的床上，再過幾小時，就要閉目與世上的景物永別了。我們並沒有裁製什麼「升天所穿的白袍」，準備應付那個重大的時刻；只覺得需要內心潔淨的憑據能證明我們已經準備好迎見基督，而我們的白袍就是純潔的心靈，以及那被寶血所潔淨無罪的品格。

惶惑的日子

但我們所期望的日子過去了！對於那些相信並期待耶穌駕雲降臨的人們，這是第一次嚴重的試煉。那一班等候上帝降臨的百姓感到非常失望。譏誚的人大大誇勝了，並贏得懦弱膽怯的人回歸於他們的行列。有一些先前似乎有真實信仰的人，這場考驗的結果顯明他們完全是出於懼怕的心理，現在時候既然過去，他們又恢復以前

的心態，大膽地與那些譏誚的人聯合，宣稱他們本來就沒有真正相信那瘋狂盲信的米勒耳所傳的道理。此外，還有一些本性優柔寡斷的人，則默默地拋棄了他們的信仰。

那時我們甚感困惑與失望，但我們卻沒有放棄信仰。許多人還是堅決相信耶穌必不長久耽延祂的復臨，因為主的話既是確實的，必不至落空。我們覺得已經盡到自己的本分，行事為人與這寶貴的信仰相稱；我們縱然失望，但並未灰心。因為許多時間的兆頭說明萬物的結局已經近了；我們必須警醒預備，隨時等候主的降臨。我們必須存著希望與信靠的心而等待，不可忽略聚會，要互相勸導、勉勵、安慰，俾使我們的亮光照耀這黑暗的世界。

時日計算的錯誤

我們對於預言時期的計算是那麼簡單而清楚，甚至連兒童也能明白這個計算方法。根據〈以斯拉記〉第七章，我們曉得波斯王出令是在主前 457 年，〈但以理書〉第八章十四節上的 2300 年，就是從這時候開始計算的，而其終點應在主後 1843 年。因此，我們便確定這一年的終了便是仰望主復臨的日子。可是一年過去了，救主並沒有來，我們感到徹底的悲傷和失望。

我們在當初並沒有發現這命令不是在主前 457 年初發出的，因此 2300 年的終點也不可能在 1843 年的年底。後來我們再查考，才確定那命令的發出是接近主前 457 年的年底，故此預言時期的終結也必須延到 1844 年秋季。可見那啟示的時期並沒有遲延，雖然在人看來似乎是遲延了。我們從先知的話中得到了安慰：「因為這默示有一定的日期，快要應驗，並不虛謊；雖然遲延，還要等候，因為必然臨到，不再遲延。」（哈巴谷書 2：3）

1843 年時期既過，上帝藉此試煉並考驗祂的百姓。這種在計算預言時期上的錯誤，當時並沒有人發覺，甚至連那些有學問而反對基督復臨之見解的人也沒有發覺。雖然許多學者認同米勒耳先生計算日期的方法，但對那時期所要發生的重大事故尚有爭議，可見他們和那些在期待中的上帝子民，在這時間的問題上都犯了相同錯誤。

　　好在那些遭受失望的人們，並沒有陷在黑暗中太久，因為他們懇切祈禱地查考預言時期，結果終於發現了錯誤，並看出預言之筆是如何追述那一段遲延的時期。先前他們因歡然期待基督的降臨，竟沒有把這默示的遲延時間計算在內，結果造成一次傷痛又意想不到的大失望。雖然如此，但這次的試煉乃是為了培植並堅固一班誠心相信真理的人所必不可少的。

希望復燃

　　從此，我們便把希望集中於主將在 1844 年降臨上。這時也正是傳揚第二位天使信息的時候，第二位天使飛在空中大聲喊著說：「巴比倫大城傾倒了，傾倒了！」（啟示錄 14：8）這個信息最初是上帝的僕人於 1844 年夏季傳開的。結果，有許多人離開了傾倒的教會。與這信息有關的「夜半呼聲」（midnight cry，可參閱馬太福音 25：1–13）也在這時發出說：「新郎來了，你們出來迎接祂！」有關這信息的光輝照耀到各方各地，這呼聲也喚醒了千萬的人們；從這城傳到那城，從這村傳到那村，一直傳到窮鄉僻壤。此外，它不僅傳給一般市井小民，它也傳給許多文人才子。

　　這一年是我一生中最快樂的時光。我的心中充滿了快樂的期望，但我也為那些灰心喪膽，以及在耶穌裡沒有指望的人們感到極其可惜與憂慮。我們同心合意地懇求主，賜我們一個確實的經驗和無誤的憑據，證明我們已為上帝所悅納。

信心的試煉

我們當時需要極大的忍耐，因為譏誚我們的人很多。人們常拿過去失望的經驗來諷刺我們。一般所謂「正統派」的教會，也用盡各種方法來阻止這個基督快來的信仰傳開來。在他們的聚會中，也阻止那些膽敢提述基督快來之指望的人發言的自由。許多自稱為愛耶穌的人，輕慢地拒絕了那個被稱為他們最好的朋友不久就要來與他們相見的喜訊。他們對於那些傳揚祂快來的信息，以及切望早日見祂在榮耀中顯現的人們極感忿慨。

預備的時期

在我看來，每一分鐘都是極其重要的，我覺得我們目前乃是在為永生而工作，而那些疏忽和冷漠的人們，乃是處在極大危險之中。我的信心不怕受到阻攔，我將耶穌寶貴的應許視為己有。祂曾對自己的門徒說：「你們求，就必得著。」（約翰福音 16：24）我堅信凡是合乎上帝旨意的事，只要求，必蒙應允。我以謙卑的心情伏在耶穌腳前，我的心也與祂的旨意和諧一致。

我常去拜訪人家，也常與那些為懼怕和沮喪所壓迫的人們一同懇切地祈禱。我的信心頗為堅強，甚至我毫不疑惑上帝必定應允我的祈禱。結果毫無例外地，每一次耶穌的恩惠與平安，都因我們謙卑的祈禱而降在我們身上，那些頹喪絕望者的心也因光明與希望而得到快樂。

我們本著誠懇，仔細察驗內心並謙卑地認罪，時刻禱告以迎接所期待的時日。每天早晨我們覺得第一要緊的工作，就是要得著天上的憑據，證明自己的生活在上帝面前是沒有過失的。我們實在感到我們在聖潔上若沒有進步，就必退後，我們彼此關切的心也增加

了，並且常常在一起禱告，互相代求。我們常到果木園或小樹林中聚集，與上帝交通，獻上我們的祈求，並因為如此置身於大自然的作為中，便更加體認到祂的臨格，救恩的快樂也顯得比我們日常的飲食更為不可或缺。倘若有雲霧籠罩我們的心靈，我們就不敢休息或睡眠，直到我們確知已蒙主悅納，心中一切的疑雲盡都消散為止。

時間的過去

那一班等待救主復臨的上帝子民，終於等到他們所熱切盼望，能使他們的喜樂得以滿足的時辰了。但是那個時辰又過去了，耶穌仍然沒有復臨。這場極其痛苦的失望，雖然降臨在一小群信心是那麼堅強，其盼望又是那麼熱切的人身上，但奇怪的是，他們卻感覺有主在他們裡面，心中非常自由平安，並有祂的能力與恩典大力地支持著。

話雖如此，但前一年的歷史這時卻更廣泛地重演了一遍。有一大批的人放棄了他們的信仰；另有一些信心曾經極為堅強的人，竟認為他們的自尊心大受損傷，甚至巴不得離開這個世界，他們像約拿一樣，埋怨上帝，寧可求死而不願再活下去。有些人的信仰原來只是以別人的證據為基礎的，並沒有把它建立在上帝的聖言之上，現在他們又改變他們的想法和見解了。這第二次的大考驗暴露了許多曾與忠實的信徒和誠懇的工作者相處的人，顯明他們只不過是復臨運動的洪流所沖刷出的一堆無用漂流物罷了。

我們雖然失望，但並未灰心！我們決意不讓這次的試煉而發怨言，因為這乃是主要用我們的方法，祂要除去我們的渣滓，如同金子在熔爐中被熬煉一樣。所以，我們決心忍受上帝所認為必須的鍛鍊程序，並以耐心盼望等候主來救贖一切受磨練的忠心子民。

我們深信這段傳揚時期的事乃是出乎上帝的，因為這事引領人殷勤查考《聖經》，從而發現了先前所不明白的真理。約拿曾奉上帝的差遣往尼尼微去，在大街上宣稱四十日之內城必傾覆，但是後來上帝悅納了尼尼微人的謙卑悔改，因而延長了他們的寬容時期。然而約拿所傳的信息乃是出於上帝的，尼尼微還是照上帝的旨意受了試驗。當時世人都看我們的盼望為一種騙局，而認為我們的失望為其必然的失敗，雖然我們對於那時要發生的大事有了錯誤的認識，但對於那似乎遲延的異象之真實性，卻依舊認為它是可靠的。

那些盼望救主復臨的人，不是沒有得到安慰的。他們已在查考《聖經》的事上，獲得許多寶貴的知識，他們更加清楚地瞭解到救贖的計畫。他們每天從《聖經》中發現了新的美妙信息，並發現整本《聖經》是如何奇妙地融會貫通，可以用經文來解釋其他經文，而沒有一句是多餘的。

其實我們的失望還不如昔日門徒的失望那麼大。當人子勝利地騎驢入耶路撒冷時，他們希望祂可以立刻登基作王。民眾從各處蜂擁而至，喊叫說：「和散那歸於大衛的子孫。」（馬太福音 21：9）等到祭司與長老們請耶穌止住群眾時，祂卻回答說，若是他們閉口不說，連石頭也要呼叫起來了，因為先知的預言是必須應驗的。然而不到數日之後，這些門徒親眼看見他們親愛的夫子，就是他們所相信要登大衛寶座為王的主，被釘在殘酷的十字架上，受著法利賽人的譏諷和嘲笑。他們最熱烈的希望消失了，死亡的陰影籠罩著他們。雖然如此，基督卻信守祂的應許。祂所給予祂子民的安慰是甜蜜的，祂所給予忠心真誠之子民的賞賜是豐厚的。

米勒耳先生和他的伙伴，以為〈但以理書〉第八章十四節所說潔淨聖所的話，是指著地球要被火潔淨作為聖徒的家鄉，這是要在

基督第二次降臨時實現的，因此，我們相信這是在 2300 日（或年）結束時的大事。但是經過這次的「大失望」之後，我們便細心地查考《聖經》，並懇切地禱告，認真地思索，過了一段思考時期，就有明光照亮我們的黑暗，疑慮與躊躇都掃除淨盡了。

從此，我們就明白〈但以理書〉第八章十四節的預言，並不是指著地球被潔淨，而是指著我們的大祭司在天上最後的一段贖罪工作，為要預備祂的百姓在祂降臨之日站立得穩。

第六章 • 我所見的第一個異象
Chapter 6. My First Vision

　　1844 年過去之後不久，我得著第一個異象。當時我正在波特蘭城的韓師母家裡，她是我在基督裡的一位親愛姊妹，我們彼此心意契合，當時我們有五位姊妹在一起作家庭禮拜，靜靜地跪下禱告。正當我們祈禱的時候，上帝的能力臨到我的身上，是我以前所從未感覺到的。

　　我好像被光輝所環繞，漸漸從這個地上高而又高地上升。我轉過身來想要看看世上的復臨信徒，可是找不到他們，當時有聲音對我說：「妳再注意些，稍微往高處看看！」於是我舉目向上觀看，見有一條筆直的窄路，遠遠高過這個世界。那些復臨信徒正在這路上往聖城走去，那城設在這路的盡頭。在他們的後面，就是這路的起點處，有一道明光；有一位天使告訴我說，這光就是那「夜半的呼聲」（參閱馬太福音 25：6）。這光照耀著全部路程，使他們可以看清楚自己的腳步，不至跌倒。

　　他們若定睛仰望那位行在他們前面，領他們走向那城的耶穌，就能得安全。但不久就有人感到疲倦，並說那城離他們太遠，他們

原來希望能早些進去。那時耶穌就舉起榮耀的右手鼓勵他們，從手上發出一道光來照耀這一群復臨信徒，他們便呼喊說：「哈利路亞！」其他人則輕率地否認那在他們後面的光，還說那領他們奔走這遙遠路程的不是上帝，於是他們後面的光就熄滅了，他們的腳步也就陷於全然黑暗之中；他們既看不見耶穌和前面的目標，便從路上跌到下面黑暗罪惡的世界了。

　　不久我們聽見上帝的聲音好像眾水的響聲，告訴我們耶穌復臨的日子和時辰。那活著的十四萬四千名聖徒知道這聲音，也明白它的意思，但惡人卻以為它是雷轟和地震。當上帝宣佈那時辰的時候，就將聖靈沛降給我們，這時我們的臉就發光，顯出上帝的榮耀，正如昔日摩西從西奈山上下來的時候一樣。

　　那十四萬四千人都受了印記，並且是完全同心合意的。他們的額上寫著「上帝，新耶路撒冷」，並有一顆鑴著耶穌新名字的榮耀之星。惡人見到我們喜樂聖潔的情景便甚惱怒，窮凶極惡地向我們撲來，要捉我們下監，但我們奉主的名伸出手來，他們就毫無力氣地倒在地上。這時同撒但一黨的人知道上帝愛我們這班彼此洗腳，並彼此以聖潔的親嘴問安的人，他們便在我們的腳前下拜。

　　不久，我們引目向東觀看，見有一小片黑雲出現，只有人的半個手掌那麼大，我們都曉得這是人子降臨的預兆。當這雲臨近時，我們都嚴肅靜默地看著它；它愈來愈光明，愈來愈榮耀，直到成為一大片白雲。雲底下彷彿是烈火，雲上現出一道彩虹，它的四圍有成千成萬的天使，唱著極美妙的詩歌，有人子坐在其上，祂的頭髮潔白繾曲，紛披在祂的肩上，頭上戴有許多冠冕。祂的腳像火，右手拿著快鐮刀，左手拿著銀號筒。祂的眼睛像火焰，能深深洞察祂兒女的心腸肺腑。那時眾人的臉都變青了，而那些被上帝所棄絕的

人他們的臉卻變成紫黑。那時我們都喊叫說：「誰能站立得住呢？我的衣服沒有斑點嗎？」眾天使止息了歌聲，一時呈現了極可怕的肅靜，然後耶穌說：「那些手潔心清的人，必能站立得住；我的恩典是夠你們用的。」於是我們的臉煥然發光，人人的心中都充滿了快樂。眾天使就用更高的聲調再度歌唱，同時那雲彩就更加臨近地面。

接著耶穌的銀號筒吹響了，駕雲降臨，有火焰四面環繞著。祂注視那些睡了聖徒的墳墓，然後向天舉目伸手，並且喊叫說：「醒起！醒起！醒起！你們睡在塵埃中的人，要起來！」當即有一次極大的地震。墳墓都裂開了，死人就從墳墓中出來，披上了永生。當那十四萬四千人認出這些曾被死亡擄去的親友時，他們就喊叫說：「哈利路亞！」同時我們也改變了，和他們一同被提起，在空中與主相遇。

我們一起進入雲中，用了七天的光陰升到玻璃海，那時耶穌親自用右手將冠冕戴在我們頭上。又賜給我們金琴和象徵勝利的棕樹枝。那十四萬四千人在玻璃海上站著，成了一個整齊的方形。其中有些人的冠冕非常輝煌，其他的則不如他們的光亮。有的冠冕戴滿了明星，其他的則只有少數幾顆。但每人對於自己的冠冕都非常滿意。他們都穿著光明的白袍，從兩肩直垂到腳背。當我們在玻璃海上列隊前進走向城門時，眾天使都在四面環圍著。耶穌舉起祂那大能而光榮的手持住珍珠的門，把那門在它金光閃耀的鉸鏈處打開，對我們說：「你們已經用我的血把衣裳洗淨，並且堅守我的真理，進來吧！」於是我們都走了進去，並且自覺自己有這充分的特權。

我們在這裡看見生命樹和上帝的寶座。從寶座流出一道明淨的河水，河的兩岸有生命樹。在河這邊有一棵樹幹，在河那邊也有一棵樹幹，都是純潔透明的金子做的。起先我以為所看見的是兩棵樹，

後來我再看一看，就看出這兩棵樹在上面連成了一棵，所以無疑的這是在河這邊與河那邊的生命樹。樹枝垂到我們所站的地方，其上的果子極為榮美，看上去好像是金銀摻合而成的。

我們走到樹下面，坐著觀看那地方的榮美，隨即有先前傳揚天國福音，後來被上帝安放在墳墓裡，為要救他們的裴治和史塔門兩位弟兄來到我們面前，詢問當他們安睡時我們所有的經歷。我們試圖回憶我們最嚴重的試煉，但這些試煉與我們周遭所看到極重無比且永遠的榮耀相較，真是微不足道，我們便喊叫說：「哈利路亞！天國是值得呀！」於是我們就撥動自己榮美的金琴，使天庭充滿宏亮的樂聲。

等到我從異象中醒過來之後，一切似乎都改變了，一片幽暗籠罩了我所見的一切。唉！在我看來，這個世界顯得多麼黯淡啊！當我發現自己還在這世界的時候，我就哭了起來，而且覺得有思鄉之感。我已見到那更美的家鄉，對地上這個世界我已經不感興趣了。

後來我向波特蘭城的信徒述說這個異象，他們都確信這是出於上帝的。他們都相信在「十月大失望」之後，上帝揀選以此舉安慰並堅固祂的子民。有主的靈同證這個見證，大家都為永恆的嚴肅所覆蓋。我充滿了一種莫可言喻的敬畏，因為想到我這樣年輕軟弱的人竟被選作上帝的器皿，向祂的子民傳達亮光。當我在主的權能之下時，我就充滿了喜樂，似乎是在榮美的天庭中被眾天使所包圍著，那裡全是平靜和喜樂；所以等到我醒過來回到這肉體生活的現實世界時，那真是悲慘苦惱的一大轉變。

基督徒經驗談
懷愛倫的信仰旅程

第七章 ▪ 新天新地的異象
Chapter 7. A Vision of the New Earth

註：在哈門小姐見到第一次異象之後約有一年之久，她又去拜訪韓師母，在她家裡，
　　哈門小姐得了一個有關新天新地，以及那在基督復臨之後一千年末了，聖城下降
　　的異象（參閱啟示錄 21：10-27；撒迦利亞書 14：4）。

　　在基督的帶領之下，我們從聖城降落到地球上，落在一座雄偉巨大的山上，這山托不住耶穌，就崩裂夷為一片遼闊的平原。隨後我們向上舉目，看見那座大城，那城有十二個根基和十二個城門，每一邊有三個門，每一個門前都有一位天使。我們都喊叫說：「城啊，偉大的城啊！它降下了，它從天上的上帝那裡降下來了！」於是，它降落到我們所站的地方，就穩定不動了。

　　於是，我們就開始去參觀城外許多榮美的景物。我在那裡看見一些最輝煌的房屋，看上去好像是銀子作的，由四根鑲了珍珠的柱子所托住，那些珍珠光耀奪目。這些房屋是專為聖徒居住的，每一間房屋裡都有一個金架子。我看見許多聖徒走進房屋，脫下閃耀的

冠冕，放在那架子上面，然後走出去到那靠近他們房屋的田地裡耕作，他們的工作完全不像我們在這個世界上所作的工。完全不像！他們頭上的四圍有榮光照耀，同時他們經常呼喊並向上帝獻上讚美。

我又看見一座長滿了各式各樣花卉的園囿，當我攀折這些花朵時，我讚嘆著說：「它們永遠不會凋殘。」後來我又看見一座長滿了深草的園囿，那草極其榮美，全是綠油油的，並反映著金色和銀色的光彩，似乎非常得意地為榮耀君王耶穌而閃亮蕩漾著。此後，我們又走進一座充滿了各樣動物的園囿裡，那裡有獅子、羔羊、豹子和豺狼等動物，牠們都愉快和樂地住在一起生活著。我們從它們中間走過，它們就馴良地跟在後面。隨後我們又走進一個樹林中，這樹林完全不像我們在這世界中那些陰黯的樹林。完全不像！它們是光明並且全部充滿榮耀的，樹枝搖曳，充滿朝氣，我們都喊叫說：「我們要平安地居住在曠野裡，也安睡在樹林之中。」我們只是經過這個樹林，因為我們要前往錫安山。

當我們走在路上的時候，我們遇到一隊人也正在注視那地方所有的榮耀。我發現他們衣服的邊緣是紅的，他們的冠冕是光輝燦爛的，他們的禮服是純淨潔白的。當我們與他們打招呼時，我就趁機詢問耶穌他們是誰，祂說他們乃是為了祂殉身被殺的人，還有無數的小孩和他們在一起，孩子們的衣服上也有紅邊。

這時錫安山已在我們的眼前，山上有一座榮美的殿堂，殿的四圍還有七座別的山，山上長滿了玫瑰和百合花。我看見那些小孩爬上山去，隨意用他們的小翅膀飛到山頂上去，採摘那些永不凋殘的花朵。那裡還有各種各樣的樹木栽在殿的周圍，使那地方顯得更加美麗，有黃楊樹、松樹、杉樹、橄欖樹、番石榴樹、石榴樹和那結果纍纍枝條下垂的無花果樹——這一些樹木和花朵使那地方格外的

榮美。正當我們要走進聖殿的時候，耶穌揚起可愛的聲音說：「唯有那十四萬四千人才可以進去！」我們就喊叫說：「哈利路亞！」

這殿有七根柱子支住，每根柱子都是明淨的精金，鑲有極其光輝的珍珠。我在那裡所看見的許多奇妙的事物，實在是我所無法形容的。啊！唯願我能說迦南的話語，我便能略為述說那佳美世界的榮華，在那裡我看見許多石碑，其上刻有十四萬四千人的名字，字樣也是金質的。

我們看見這殿的榮耀之後，就走了出來，這時耶穌已離開我們，到城裡去了。不久我們又聽見慈愛的聲音說：「我的百姓啊，來吧！你們已經從大患難中出來，並且遵行了我的旨意，為我受了痛苦，進來吃晚餐吧！因為我要親自束腰，伺候你們。」我們就喊叫說：「哈利路亞！榮耀！」隨即就走進城裡去了。

我又看見一張純銀的長桌，它有好幾哩長，但我們的眼目仍可看到它的盡頭。我看見那裡有生命樹的果子、嗎哪、杏仁、無花果、石榴、葡萄，還有許許多多其他種類的果子。

我請求耶穌讓我吃那些果子。祂說：「現在還不可以吃！凡吃這果子的人，就再也回不去地上了。但你若是忠心，過不多時，就可以吃生命樹的果子，並喝活泉的水。」祂又說：「妳必須再回到世界上去，將我所顯示給妳看的這一切，告訴別人。」隨後有一位天使緩緩地領我回到這個黑暗世界了。

第八章 ▪ 出外旅行
Chapter 8. Call to Travel

　　在第一個異象約一星期之後，我又見了第二個異象，蒙主指示我所必須經受的磨難，並吩咐我必須將祂所啟示給我的事告訴別人。我蒙指示，我的工作必定遭遇強烈的反對，而且我的心靈一定也會非常痛苦，但上帝的恩典夠我用的，祂必要在這一切磨難中扶持我。

　　在我離開異象之後，心中極其不安，因為這異象清楚指明我的本分是要我向眾人講說真理。當時我身體虛弱，甚至無時無刻不在痛苦之中，看來我只能存活一個很短的時期了。那時我只有十七歲，並且身體矮小脆弱，不善交際，加上本性膽小怯懦，怕見生人。

　　數日之久，我常禱告一直到深夜，要求主把這個重負從我身上移到比我更能幹的人身上。但這指明我責任的亮光一直沒有改變，所以天使的話一直在我耳邊：「要把我所啟示給妳的事傳給別人。」

　　過去，每當上帝的靈催促我盡我的義務時，我總能勝過自己，而專心想望耶穌的愛和祂為我所成就的奇妙事工，以致我能夠忘記一切的懼怕和怯懦。

但這次我似乎不可能執行那擺在我面前的工作，我若去嘗試，似乎必定失敗。它所帶來的考驗似乎是我所無法忍受的。在年齡上還是小孩子的我，怎能來往奔波，向眾人講解上帝神聖的真理呢？我一想起這事，就不禁畏縮不前。我的哥哥羅伯比我大兩歲，他也絕不能陪同我到處去傳講，因為他身體也非常虛弱，況且他比我更為膽小。無論如何，我是不能叫他作這一件事，而我的父親必須應付家庭的負擔，所以不能離開他的事業，但他多次向我強調，上帝既然呼召我到外地去作工，一定會給我開路的。但這些勉勵的話，並沒有為我悲傷的心靈加添多少安慰，那擺在我前面的路真是難關重重，我心想那絕非我所能克服的。

我為了想擺脫那壓在身上的責任，巴不得自己死了才好，結果我所長久享有甘美的平安離開了我，絕望又重新壓在我的心頭。

弟兄們的勉勵

波特蘭的一群信徒不明白那使我陷於這種苦況的心境，但他們知道我有心事，以致憂鬱不堪，所以他們認為：鑑於過去主曾經如何恩待我，向我彰顯自己，我這種表現適足以得罪上帝。那時在我父親家裡常有聚會，但我精神非常痛苦，甚至有一個時期我沒有去參加聚會。我心上的擔子愈來愈重，直到我再不能忍受這種精神上的痛苦。

後來，同道們終於勸服我去參加他們在我家裡所舉行的聚會，教會也把我的問題當作為特別祈禱的項目。有一位在我先前一段經驗中，拒絕承認上帝在我身上所顯示能力的皮爾遜老伯，這時誠懇地為我禱告，並勸我把自己的意志降服在主的旨意之下。他像一個仁慈的父親一樣勉勵並安慰我，囑咐我相信身為眾人的「良友」耶穌，絕不會丟棄我。

我感覺太軟弱、太灰心，已無意為自己作什麼特別的努力，但我的心還能和朋友們一同祈禱。這時我再不考慮世人的反對，只要我能再蒙上帝的喜悅，我願意作任何犧牲。

當眾人為我祈禱，求主加添我能力和勇氣來傳揚祂的信息時，那曾經包圍我的重重黑暗便豁然開朗了，有一道明光驀然地照射我。有一個好像火球的東西正打在我的心上，當時我就癱軟無力，仆倒在地。我似乎是置身在很多天使當中，這些聖潔使者的其中一位，再次向我說：「要把我所啟示妳的事傳給別人。」

皮爾遜老伯當時因患風濕症，所以無法下跪，然而他看見了這件事。當我醒過來恢復知覺之後，他從座位上站了起來，說：「我看見了我從未想到能夠看到的事！有一個火球從天降下，正好打在哈門姊妹的心上。我看到了！我看到了！我永不會忘記。這件事已經改變了我整個人生。愛倫姊妹啊！要在主面前壯膽。從今晚起，我不再疑惑了。我們今後一定要幫助妳，不再使妳灰心。」

恐怕自高自大

但我擔心一件事，那就是如果我遵循上帝的呼召，去執行我的義務，說我已蒙至高者特別的眷愛，從祂那裡領受了異象和啟示要來傳給眾人，我就容易犯自高自大的罪，以致我以不應有的地位自居，招致上帝的不悅，而使自己的靈魂滅亡。我過去聽說過這樣的事，所以我畏避這種可怕的考驗。

於是我懇求主，如果我必須去傳講主所啟示給我的事，求祂保守我不致驕傲。天使說：「妳的祈禱已蒙垂聽，也必蒙應允。如果妳所懼怕的這種罪惡感已威脅到妳，上帝必要伸手救妳，祂要藉著苦難使妳親近祂，保守妳的謙虛。務要忠心傳講這信息，務要忍耐

到底，妳就必吃生命樹的果子並喝生命水。」

在我恢復對地上事物的感覺時，我就將自己交託給主，不論祂要我作什麼，我都準備遵行祂的指示。

在緬因州的信徒們當中

過了不久，主真的為我開路，讓我和姊夫一同到三十英哩以外的波蘭城姊姊那裡去，在那裡我開始有機會作見證。那時我的喉嚨和肺部有病，以致三個月來我不能多講話，而且講話時聲音低微粗嘎。但這次我在會中站了起來，開始低聲講話，講了五分鐘之後，喉嚨的疼痛和障礙逐漸消退了，我的聲音變得清晰而宏亮，並能流暢的講述，甚至將近有兩小時之久。在我講完之後，我的喉嚨又嘶啞了，直到我再立在會眾面前，這同樣奇特的經驗又重演了一遍。這時我才確信自己是因為遵行上帝的旨意，並看到自己的努力，才有這樣顯著的成效。

後來因著神的帶領，我又有機會到緬因州的東部去。這時威廉・喬丹（William Jordan）弟兄為了商務，準備到歐林頓城（Orrington）去，同行者中有他的妹妹，所以他們勸我一起去。我既然答應主要行走祂為我所開的路，自然不敢拒絕。因為有上帝的靈保證我在此地所傳講的信息，必有結果，許多人的心因真理而歡喜，並使許多灰心的人也得到鼓舞，恢復對信仰的熱誠。

我是在歐林頓遇見懷雅各（James White）牧師，我的朋友們都認識他，那時他自己也在從事救靈工作。

我也訪問了葛蘭城，在那裡有來自各地的一大群人聚集聽我的信息。

過後不久，我前往離葛蘭城不遠的艾斯德村，在那裡我心上壓著沉重的擔子，因為主要我向那裡幾個狂熱之徒講說主所指示我的事，一直到我作了見證之後，才放下心上的重擔。我向這些人說明他們妄以為自己受了上帝聖靈的感動，那是自欺，但這些人和一班同情他們的人很不滿意我的見證。

我既然傳了上帝所賜給我的見證，並處處蒙上帝的嘉許，隨後我就回到波特蘭了。

祈禱蒙允

1845 年春天，我訪問緬因州的托普縣（Topsham），那時，我們有一群人在郝蘭德（Stockbridge Howland）弟兄家裡聚會。他的大女兒法蘭西斯是我摯愛的朋友，她患有急性關節風濕症，當時正在治療中。她的手全部發腫，甚至看不出手指關節所在。當我們坐在那裡談論她的病症時，有人問郝蘭德弟兄是否相信，她的女兒可以因著禱告而得蒙醫治。他回答說，他願相信她能因著禱告得蒙醫治，隨即他又說，他確信她能蒙醫治。

於是，我們跪下為她向上帝懇切祈禱。我們提出了主的應許：「你們求，就必得著。」（約翰福音 16：24）上帝的恩賜隨著我們的祈禱而降臨，我們便確知上帝樂意醫治那患病的姊妹。有一位在場的弟兄甚至大聲說：「這裡有那一位姊妹有信心去拉住她的手，奉主的名吩咐她起來呢？」

這時法蘭西斯姊妹睡在樓上，在那位弟兄還沒有講完話之前，寇提斯姊妹立即站起來走向樓梯去了。她進了病房，有上帝的靈在她身上，她拉住病患的手說：「法蘭西斯姊妹，我奉主的名吩咐妳起來，使妳恢復健康。」一股新的生命力量立時傳入患病女孩的血

脈裡，一種聖潔的信心充滿了她，她也順從了這個觸摸，從床上起身，站了起來，在房間裡行走，並因自己得蒙痊癒而讚美上帝。她很快就穿好衣服，下到我們聚會的房間來，她的臉上煥發著莫可言宣的喜樂和感謝。

次日早晨，她和我們一同吃早餐。飯後，當懷雅各牧師主持家庭禮拜宣讀〈雅各書〉第五章時，醫生進了客廳，照他平常的慣例上樓去探視病患。他既找不到她，就趕到樓下來，當時我們大家同病患都坐在很寬闊的廚房裡聚會，醫生臉上帶著驚異的表情打開廚房的門，目瞪口呆地看著病患，久久才開口說：「法蘭西斯小姐，您已好啦！」

郝蘭德弟兄代為回答說：「主已經醫治了她！」有一位正在讀經的弟兄繼續讀他的經文：「你們中間有病了的呢？他就該請教會的長老來，他們可以……為他禱告。」（雅各書 5：14）醫生聽了這話，臉上帶著驚奇摻雜著不信的複雜表情，點了一下頭，便匆匆退出去了。

當天法蘭西斯姊妹乘馬車在外遊逛了三哩路，晚上回到家裡，即使外面雖然有雨，但她卻沒有因此而受涼，很快地她恢復了健康。數日之後，她自動要求受洗，有人把她帶到水裡，為她施洗。當時雖然天氣寒冷，河水冰凍，她並沒有受到影響，從那時起，她先前的病症完全消失了，不久就恢復她原本健康的狀態。

第九章 ▪ 應付狂熱派
Chapter 9. Meeting Fanaticism

當我回到波特蘭時，就看到狂熱派人士破壞性的影響。有一些人似乎以為宗教乃在於激昂的情緒和喧鬧的場面。他們講話的態度足以刺激不信的人，並發出一種不良影響足以使人憎恨他們和他們所傳的道理。他們因為受了逼迫，反倒大大歡喜。不信的人在這樣情況下，看不出他們的行為符合他們所傳的信仰。結果，若干地方的弟兄們竟被禁止不能聚會，造成沒有錯誤的人也和犯錯誤的人一同受苦了。

我心中時常極度沉悶，眼見基督的事業竟被一等不智之人的行徑所破壞，真是極其不幸。他們非但危害了自己的心靈，也給聖工加上一個不易磨滅的污點。更何況，撒但喜愛這班人的如此行徑，他看到真理被一班心地不聖潔的人所玩弄，使真理與謬論混合，然後一同被人踐踏於塵埃，這正合乎他的心意。他深自慶幸地看著上帝兒女混亂分散的情形。

我們深為那些行將受到狂熱主義之精神影響的各地教會而戰兢不已。我的心為上帝的子民而傷痛，難道他們必須受欺騙而被這種

虛偽的狂熱導入歧途嗎？我忠心地宣講了主所傳給我的警告，但我所講的話似乎沒有多少影響，所僅有的結果只是叫這些極端主義者嫉妒我。

虛偽的謙卑

還有一等人以極度的謙卑自居，提倡大家應該像小孩子一樣在地上爬，藉此表現自己的謙卑。他們說〈馬太福音〉第十八章一至六節所記載的基督話語，是要他們在等候救主回來的今日能夠字字體驗，故這等人竟在自己家裡、在街道上、在橋上，並在教會裡爬來爬去。

我率直地向他們說明，這是不必要的，上帝在百姓身上所要看到的謙卑，乃是藉基督化的人生，而絕不是藉著爬在地上來表現的。一切屬靈的事物務要出自以神聖的莊重感。謙卑與柔和固然是與基督的生活相符合的，但兩者務要以莊重的模式表現出來。

基督徒表示謙卑的方法，乃是藉著顯出基督化的柔和，以及藉著隨時準備幫助別人，和藉著講說仁愛的話，表現無私的行為，以高舉尊榮那傳給這世界最神聖信息的基督。

「不作工」的主張

緬因州巴黎鎮的一些信徒，認為作工乃是罪惡。主賜給我一道責備的信息傳給那倡導這種謬論的人，說明他自己不勞動，又向別人極力強調他的謬論，並斥責一切不肯接受這些謬論的人，這乃是與上帝的聖言相背的。他拒絕了主所賜下為要向他指明其錯謬的每一個證據，並且堅絕不肯改變自己的途徑。他常作疲勞的旅行，到處去受人的侮辱，以為自己這樣作就是為基督的緣故受苦。他只知

隨從自己的感覺，而將理智與判斷棄置一旁了。

我看出上帝必要為祂的子民施行拯救，這位受了迷惑的人不久將要顯露自己的真相，使一切心地誠實的人可以看出他不是出於正當的精神，而且他所經歷的一切行將結束。後來，果真過不久他的騙局就被揭穿了，他在信徒身上不能起多少作用了。他痛斥我所見的異象是出於魔鬼，他自己則繼續隨從自己的感覺，直到他的思想完全錯亂，他的朋友不得不把他禁閉起來。最後他用自己的被單做成一條繩子，把自己吊死了，這時他的徒眾才看出他教訓的荒謬。

勞動神聖

上帝命定所創造的人都應當作工，他們的福祉全在於此。主所創造的廣大領域中，沒有一樣是造來虛度光陰的。當我們從事有益的事務時，我們的福祉就得以增進，才智就得以發展了。

勞動能產生力量。上帝的整個宇宙是和諧的，天上的眾生都經常活動的，而且主耶穌在祂一生的工作中已經給眾人作了榜樣。祂曾「周遊四方行善事」，上帝已經制定順命的規律。祂所造的萬物都在靜寂之中不息地執行上帝所指定的工作，海洋的水是經常流動的，而正在生長中的草，雖然「今天還在，明天就丟在爐裡」，但仍克盡它們自己的使命，使田野美麗。樹葉迎風飄拂，卻看不見那撥動的手，日月星辰都在光榮而有效地履行它們的任務。

身體的組織無時無刻不停地工作著。心臟日以繼夜地跳動著，盡到它所指定的有規律的工作，不住地將血液輸送到全身的各部分。整個生命的組織充滿了活動！因此，身心按照上帝形像造成的人也必須活動，才能盡到他所受命的職分。人絕不可懶惰，懶惰就是罪。

一次嚴重的考驗

在我應付狂熱派的經驗中，曾受到一次嚴重的考驗。每當我們在聚會中，上帝的靈降在任何人身上，以致他讚美上帝的榮耀時，總有一些人要說那是出於催眠術，而且每當主的美意要在會中賜給我一個異象時，總有人說是我受了刺激，或是受了催眠術的影響。

因此我非常悲傷而灰心，時常退到隱密僻靜的地方去，向那位邀請一切勞苦擔重擔的人，到祂面前來得安息的主傾心吐意。當我憑著信心要求領受上帝的應許時，耶穌似乎離我很近。有天國和美的光輝照耀在我的四圍，我就似乎被主的膀臂所懷抱，當場就受到聖靈感動得以見異象。但是當我將這單獨而不受任何屬世影響所見到的情形講給眾人聽時，我悲痛驚異地聽見別人暗諷說：「那些最親近上帝的人，是最容易受撒但欺騙的！」

有些人甚至要我相信根本沒有聖靈存在，過去上帝的聖者所得的經驗，只不過都是受了催眠術的影響或撒但的欺騙所致。

那些對於某幾節經文有了極端看法，以致完全停止勞動而否定一切不接受他們這種對宗教責任看法的人，竟說我是效法世界。另外一方面，那班有名無實的復臨信徒，倒說我是宗教狂，並誣蔑我，說我是一位竭盡所能想要不斷製造狂熱的狂熱派首腦。

有人常為主復臨定出不同的日期，並勉強叫弟兄們接受，但主指示我這些日期都要過去，因為基督復臨之前必定先有大艱難的時期。並且他們每次定出一個日期，而當這日期過去之後，就會削弱上帝子民的信心。為了這事，人們就說我就是那位說「我的主人必來得遲」的惡僕人（馬太福音 24：48）。

這一切都重重地壓在我心上，甚至叫我在混亂之餘，有時險些要懷疑自己的經驗是錯誤的。

某一天早晨，在舉行家庭禮拜的時候，上帝的能力突然降在我的身上，當時我想這或許是催眠術，就抗拒了它，結果我被擊打成了啞巴，甚至有幾分鐘完全不省人事。於是我看明自己是因為懷疑上帝的能力，因此才變成啞巴，所以我的舌頭要在二十四小時之內方得鬆弛。在異象中，我看到有一張卡片擺在我的面前，上面有金黃的文字，寫著五十段《聖經》章節。

後來，我出了異象之後，就作手勢要一塊小石板，寫明我已經啞了，又寫明我所看見的，以及我要家裡的那本大《聖經》。我拿了《聖經》，很快地我翻到我在卡片上所看到的那些《聖經》章節。

我一整天不能講話。次日清晨我心中充滿了喜樂，我的舌頭便得到鬆弛，能大聲讚美上帝。從那時以後，不管別人對我有什麼看法，我再也不敢疑惑，再也不敢抗拒上帝的能力了。

在這以前，我一直無法寫字，因為我那雙顫動著的手執不住筆。然而，在異象中，天使吩咐我把所看見的異象寫下來，我便聽從，很自然地把它們寫了下來。我的神經系統得著力量，從那時直到如今我的手一直是堅穩的。

對忠心之人的勸勉

要向那些犯錯之人指明上帝啟示我關於他們所犯的錯，這對我來說真是一個沉重的十字架。我看到別人受到困惑或憂傷，我自己也非常難過。所以每當我必須講說所傳給我的信息時，我就常把它緩和緩和，盡量使之容易為人所接受，然後我便退後一邊去痛哭一

場。我看到那些似乎只需要顧及自己靈性的人，便想：如果我能像他們一樣只顧自己的話，就絕不會發怨言了。要傳講上帝所傳給我率直且扎心的證言，真不容易！我焦急地注意所傳信息的效果，如果受責備的人抗拒了我所責備他們的話，以致他們對抗真理，我就要捫心自問：「我傳講信息的方法是否正確且合宜？難道就沒有挽救他們的方法嗎？」於是我的心靈時常感到難過，時常感覺死亡是受歡迎的信使，而墳墓倒是寧靜的安息之處。

當時我沒有認識到我這種疑問的心理是不忠實的表現，也沒有看出我這種行為的危險與罪惡，直到我在異象中被帶到耶穌面前。祂竟向我皺眉，轉臉不看我。我當時所感到的恐怖和痛苦，實在不是言語所能形容的。我隨即面伏於地，仆倒在祂腳前，沒有氣力講一句話。唉！我是多麼地急欲躲開那可怕的怒容啊！當時我多少可以體會到將來淪亡的惡人要有的感受，以致他們要向山和岩石喊叫說：「倒在我們身上吧！把我們藏起來，躲避坐寶座者的面目和羔羊的忿怒。」（啟示錄6：16）

隨即有一位天使吩咐我起立，我便看到一種難以形容的情景。在我面前站著一群人，他們的頭髮和衣服都是被撕爛的，他們的面容顯現出絕望和恐怖。他們挨近我來，將他們的衣服擦在我的衣服上。我垂眼一看，不料，我的衣服竟染上了鮮血。於是我又昏倒在那伴隨我的天使腳前，好像死人一樣。我竟說不出任何推辭，只切望能夠趕快離開那個聖潔的地方。

天使把我扶起來，說：「這還不是妳現在的處境，但這一幕景象向妳顯現，乃是讓妳知道，如果妳不將主所啟示妳的事向人宣明，妳就必定落到這個地步。但如果妳能忠心到底，妳就必吃生命樹的果子，喝生命河的水。妳將要多受苦難，但上帝的恩典是夠妳用的。」

於是我才願意作主所吩咐我去作的一切事，為要得蒙祂的嘉納，而不致看到那可怕的怒容。

上帝嘉納的印記

那真是艱難的時期。如果我們當時沒有站穩腳步，我們的信仰就如同船破壞了一般。有人說我們太頑固了，但我們實在不能不硬著臉面好像堅石，不偏左右。

多年來，我們竭力擊退並戰勝那多次，幾乎將高舉真理旗幟的人們——即信心的男女英雄，所壓倒的偏見和反對。但我們發現凡以謙卑的心和痛悔的靈尋求上帝的，都能辨別真偽。「祂必按公平引領謙卑人，將祂的道教訓他們。」（詩篇 25：9）

在那些日子裡，上帝賜給我們一種寶貴的經驗。每當我們與黑暗的權勢短兵相接時，我們總是將一切都向那幫助我們的全能者陳明。我們一再地祈求能力與智慧。我們堅持主張，不肯讓步；我們感覺援助必定來到。結果我們因信上帝，終於使敵人的火力轉向自己，真理的事業就獲得光榮的勝利，同時我們也體會到上帝賜聖靈給我們，是無限量的。若不是為了這種上帝慈愛的特別表現，若不是藉著聖靈的顯現給真理加上印證，我們或許就要灰心喪志了；但神聖者引領的這些明證，以及我們在上帝的事上所有的這些活潑的經驗，卻加強了我們奮勇去為耶和華爭戰。凡相信的人都能更清楚地看出上帝是如何規劃出他們的前途，引領他們經過考驗、失望、劇烈的爭戰。當他們遭遇並戰勝障礙時，他們就越發堅強，並在每一次的進步中得到豐富的經驗。

過去經驗的教訓

在後來的年歲中，我蒙指示發覺他們並未完全放棄以往所提出

的假道理。每遇有良好的機會，這些邪道歪理都必死灰復燃。我們不要忘記，凡能被震動的都要震動。仇敵必能推翻某些人的信仰，但凡是忠於原則的人絕不至於動搖，他們必能在考驗和試探之下屹立。主已經指明這些謬誤，所以凡看不出撒但之道路的，必要繼續被誘騙步入歧途。耶穌吩咐我們務要警醒，堅固那剩下將要衰微的。

我們並沒有受命去和那些持守謬論的人進行辯駁。辯駁是沒有益處的，基督從來沒有和人辯駁。世界的救贖主所運用的武器，乃是「經上記著說」。但願我們不偏離聖言，要讓主耶穌和祂的眾使者作見證，我們知道他們的見證乃是真實的。

基督掌管祂所創造的萬物。祂曾藏在火柱裡引領以色列民，祂的慧眼洞察過去、現在與將來。凡愛上帝的人都應承認並尊重祂，祂的誡命必須在百姓的生活中擁有控制之權。

那試探者常向人提供一種虛假的概念，說基督已經將自己榮耀和能力的寶座遷移到一個無人知道的遠方，所以世人無需再因高舉祂的聖德，順從祂的律法而感到什麼不便。他宣稱世人盡可以自己的心願為律法，這種詭辯很足以抬舉自我而否定上帝，並破壞人間自制和道德的約束。因此遏止罪惡的力量愈來愈薄弱，世人不再敬愛或懼怕上帝。而那些既不敬愛也不懼怕上帝的人，很快就要失去互相尊重的感覺了。他們活在世上既沒有上帝，也沒有指望。

凡每日在生活中不實踐上帝聖言的教師們，實在處於極大的危險中。他們缺少那因認識上帝和基督而有的得救知識。那些不實踐真理的人，最容易發明一些詭辯來佔據那應該用來研究《聖經》的光陰和精力。我們若忽略研究《聖經》而去查考一些足以迷惑人的理論，以致使人偏離基督的話而去注意人所發明的謬論，便犯了可怕的錯誤。

我們不需要什麼玄妙的教訓來解釋上帝的位格。凡是上帝要我們明白有關祂的事，都已經在祂的聖言作為中顯明了。自然界的許多美物都顯明，這些都是創造主的品德與能力之表彰。這一切都是祂所賜給人類的恩物，為要彰顯祂的大能，並說明祂是慈愛的上帝。但任何人都沒有被授權說上帝本身只是居住在花朵或枝葉之中。這些乃是上帝親手創造的東西，顯明祂對於人類的大愛。

　　基督乃是上帝完全的啟示。凡渴望認識上帝的，應該研究基督的工作和教訓。凡接待祂並相信祂的人，祂就賜給他們權柄作上帝的兒女。

懷愛倫在異象中所看見的五十段經文

1 路加福音 1：20
2 約翰福音 16：15
3 使徒行傳 2：4
4 使徒行傳 4：29、30
5 使徒行傳 4：31
6 馬太福音 7：6
7 馬太福音 7：7-12
8 馬太福音 7：15
9 馬太福音 24：24
10 歌羅西書 2：6、7
11 歌羅西書 2：8
12 希伯來書 10：35-37
13 希伯來書 10：38、39
14 希伯來書 4：10、11
15 希伯來書 4：12
16 腓立比書 1：6
17 腓立比書 1：27-29
18 腓立比書 2：13-15
19 以弗所書 6：10-13
20 以弗所書 6：14-18
21 以弗所書 4：32
22 彼得前書 1：22
23 約翰福音 13：34、35
24 哥林多後書 13：5
25 哥林多前書 3：10、11
26 哥林多前書 3：12、13
27 使徒行傳 20：28-30
28 加拉太書 1：6-9
29 路加福音 12：3-7
30 路加福音 4：10、11
31 哥林多後書 4：6-9
32 哥林多後書 4：17、18
33 彼得前書 1：5-7
34 帖撒羅尼迦前書 3：8
35 馬可福音 16：17、18
36 約翰福音 9：20-27
37 約翰福音 14：13-15
38 約翰福音 15：7、8
39 馬可福音 1：23-25
40 羅馬書 8：38、39
41 啟示錄 3：7-13
42 啟示錄 14：4、5
43 腓立比書 3：20
44 雅各書 5：7、8
45 腓立比書 3：21
46 啟示錄 14：14-17
47 希伯來書 4：9
48 啟示錄 21：2
49 啟示錄 14：1
50 啟示錄 22：1-5

第十章 ▪ 主的安息日
Chapter 10. The Sabbath of the Lord

當我在 1846 年訪問麻塞諸薩州的新貝德福市（New Bedford）的時候，我結識了貝約瑟（Joseph Bates）牧師。他很早就接受了基督復臨的信仰，並且熱心為這福音事業效勞。我發現他是一位真正的基督徒紳士，待人和藹又有禮貌。

貝約瑟牧師頭一次聽我講話的時候，他表現了誠摯的關懷。在我講完之後，他站起來說：「我是一個多疑的多馬，我不相信見異象的事。如果我能相信這位姊妹今晚所作的見證，真的是上帝要向我們所說的話，那麼我現在必定是最快樂的人了。我的心已深受感動，我相信這位講話的人是出於摯誠的，至於她向我們所陳述的這些奇妙的事，我實在無法解釋她是如何得蒙啟示的。」

那時，貝約瑟牧師是在星期六──就是一週的第七日停工休息的，所以他也勸我們注意這一日為真的安息日。當時我沒有看出這一日的重要性，並認為貝約瑟牧師強調第四誡過於另外的九條誡命是錯的。

但主給予我有關天上聖所的異象。上帝的殿在天上開了，我蒙指示看見了那個蓋有上帝施恩座的約櫃。有兩位天使侍立在約櫃的兩端，他們的翅膀張開遮掩施恩座，他們的臉也轉向施恩座。陪同我的天使告訴我說，這兩位天使代表全天庭的眾天使以最崇高的敬畏之心瞻仰上帝的律法，就是上帝親手所寫的法度。

耶穌掀開了約櫃的蓋子，我便看見那寫有十條誡命的兩塊石版。我驚奇地看見第四誡列在十誡的正中央，周遭還有一圈柔和的光環繞著。天使說：「唯有這一條誡命，才是向人指出那創造天地和其中萬物的永生上帝。」

當天地的根基在創造時被奠定之時，安息日的根基也同樣被奠定好了。我蒙指示，如果人能一直遵守真的安息日，現在就不會有不信上帝或提倡無神論的人了。安息日的遵守原可保守這個世界不致有崇拜偶像的情況出現。

第四條誡命已經被人踐踏了，因此我們奉命要修補律法的破口，為被褻瀆的安息聖日而辯護。那想抬舉自己高過上帝，並想改變節期和律法的大罪人，曾將安息日從第七日改到第一日，他的這一舉動就在上帝的律法裡造成了破口。在上帝大而可畏的日子即將臨到之時，必有一道信息傳出去警告眾人，勸他們轉回腳步來遵守敵基督者所破壞的上帝之律法，所以必須用教訓和榜樣，使人注意律法中的這個破口。我蒙指示，看到〈以賽亞書〉第五十八章十二至十四節的寶貴應許，乃是賜給那些為恢復真安息日而效勞的人。

我蒙指示，看見那宣佈上帝誡命和耶穌真道的第三位天使（參閱啟示錄 14：6-12）代表那些領受這信息，並揚聲警告世人遵守上帝誡命，保守祂的法則好像保守眼中的瞳人，我也看見必有許多人響應這道警告，遵守主的安息日。

第十一章 ▪ 婚後聯合工作
Chapter 11. Marriage and United Labours

就在 1846 年 8 月 30 日，我同懷雅各牧師結婚了。那時懷牧師已經在復臨運動中得到深厚的經驗，而且他宣傳真理的工作也大蒙上帝賜福。我倆在聖工上心心相印，所以時常一同旅行為救靈而效勞。

信心堅定

1846 年 11 月我同丈夫參赴了緬因州托普縣的聚會，當時貝約瑟牧師也在場。那時他還不完全相信我所見的異象是出於上帝的。那一次聚會饒有興趣，有上帝的靈降在我身上，我就在異象中被上帝的榮耀包圍著，那是我初次得見其他的行星。我出離異象之後，便述說我所看到的事。貝約瑟牧師問我有沒有學過天文，我告訴他在我的記憶中從來沒有讀過天文學，於是他就說：「這一定是出於耶和華！」他的臉上煥發著天上的榮光，他也有力地向會眾講了一番勉勵的話。

貝約瑟牧師論到他對這些異象的見解，作了以下的聲明：

「雖然我起先在這些異象中看不出有什麼與《聖經》有牴觸的

事，但我總覺得這些異象實在令我感到很驚異且大為苦惱，並且有相當長的一段時間我不願相信，心想這無非是因她身體長久虛弱而產生的幻覺罷了！」

「因此我常找機會趁有別人在場時，當她的思想似乎不受刺激時（不在會場中），多方盤問她和那些陪同她的友人，特別是她的姊妹們，為要盡可能地探知真相。後來在她幾次訪問新貝德福和費爾海芬（Fairhaven）參加我們的聚會時，我有幾次親眼看見她見異象，在緬因州的托普縣也是如此；凡參與這幾次緊張場合的人，都熟知我是如何以深切的興趣注意傾聽她所講的每一句話，和她所有的每一個舉動，為要探究其中有無欺騙或催眠術的影響。我感謝上帝，能有機會和別人一同觀察這些事。我現在能毫無疑問地作見證。我確信這項工作是出於上帝的，因為我們的工作自 1844 年 10 月停止以來，這些信息乃是祂特別賜下，為要安慰堅固那些分散，被踐踏、被剝奪的子民。」

懇切有效的祈禱

在托普縣的聚會中，我蒙指示得悉我必多受苦難，而且在我們回到當時我父母所住的歌爾罕鎮之後，我們的信心必受到考驗。

在我們回家之後，我就患了一場重病，受了極大的痛苦。我的父母、丈夫和姊妹都一起為我祈禱，但我仍忍受了三個星期的痛苦。我時常昏倒像死人一樣，但經過代禱之後，又恢復了知覺。我的痛苦非常劇烈，甚至我央求那些陪伴我的人不要為我禱告，因為我以為他們的祈禱反而延長我的痛苦。我們的左鄰右舍都認為我一定快要死的，但主的美意乃是要試煉我們的信心。

住在麻塞諸薩州多切斯特市（Dorchester）的倪可耳夫婦聽說我

生病，就派他們的兒子亨利到歌爾罕鎮送一些東西來慰問我。當他來訪問的時候，我的朋友們又為我的康復一同禱告。在別人禱告之後，亨利弟兄就開口熱切地禱告；那時有上帝的能力降在他身上，他便站了起來，走到我床邊，按手在我頭上，說：「愛倫姊妹，耶穌基督使妳痊癒了！」說完他就被上帝的能力所充滿而往後暈倒了。那時我確信這是出於上帝的作為，因為我身上的痛苦離開了我，我心中充滿了感恩和平安。我心裡的話乃是：「唯有上帝是我們的幫助。我們唯有依靠祂，並等候祂的救恩，才能得到平安。」

在麻塞諸薩州工作

這事之後的幾週，我們從波特蘭乘船，往波士頓去。海上起了大風，我們遇到很大的危險，但由於上帝的憐憫，我們終於都平安地到達了目的地。

在我們回家之後不久，我的丈夫在 1847 年 3 月 14 日寫信論到我們二月和三月的第一週在麻塞諸薩州的工作說：

「我們離開此地的朋友們將近七週之久，上帝一直是恩待我們的。無論在海上或在陸地上，祂常是我們的力量。在那六週之中，愛倫的健康情形是六年來所沒有過的。現在我們倆都很健康。……」

自從我們離開托普縣以來，我們曾遭遇到一些考驗。同時我們也得到不少屬乎天國榮耀，令人振奮的經驗。總之，這是我們旅行到麻塞諸薩州最美滿的一次。我們在新貝德福和費爾海芬的弟兄們大得鼓勵，並在真理和上帝的能力上大大地堅固起來了。其他地方的弟兄們也蒙恩不少。」

第十二章 ▪ 天上的聖所
Chapter 12. The Heavenly Sanctuary

1847 年 4 月 3 日安息日的那一天，我們在郝蘭德弟兄家裡所舉行的聚會中，感覺到一種異常的祈禱氣氛。當我們禱告的時候，聖靈就降在我們當中了，我們都非常地快樂。過不久，我就對地上的事物完全失去知覺，而為上帝榮耀的異象所包圍了。

我看到一位天使迅速地飛來，他很快地將我從地上帶到聖城。我在城內看見一座聖殿，便走進去。我先經過一道門，然後就來到頭一層幔子那裡，這幔子被掀起之後，我便走進了聖所。在這裡我看見香壇，有七盞燈的燈臺和擺著陳設餅的桌子。在我瞻仰聖所的榮耀之後，耶穌就掀起第二層幔子，我便走進了至聖所。

我在至聖所裡看見一個約櫃，約櫃的蓋子和四邊都是純金的。約櫃的兩端各有一位美麗的基路伯，伸展著翅膀遮蓋約櫃。他們的臉彼此相向，朝下垂看。在兩位天使之間有一個金香爐。在約櫃的上方，就是天使站立的地方，有一道很大的光，好像上帝所居住的寶座。耶穌站在約櫃旁邊，當聖徒的祈禱上升時，香爐裡的香就冒出煙來，祂就將他們的祈禱連同香爐的煙雲一同獻在祂父的面前。

約櫃裡有一個盛嗎哪的金罐，又有亞倫發過芽的杖，和兩塊能像書本合起來的石版。耶穌將石版打開來，我就看見上帝親手所寫的十條誡命。一塊上面寫著四條，另一塊上面寫著六條。那第一塊石版的四條煥發著比那六條更亮的光輝，但第四條，就是安息日的誡命，又比其他各條更光亮；因為安息日乃是分別出來，應當存著敬畏謹慎的心遵守，以尊榮上帝聖名的。聖安息日顯明是光榮的——有一道榮耀的光圈環繞著它。我發覺安息日的誡命並沒有被釘在十字架上。如果有的話，那麼其他九條也同樣被釘了，而且我們也可以隨意干犯這九條，像干犯第四條一樣。我發覺上帝沒有改變安息日，因為祂是永不改變的。但羅馬教皇曾經把它從第七日改到一週的第一日，因為他要改變節期和上帝的律法。

我又蒙指示，如果上帝已將安息日從第七日改到第一日，祂就必改變安息日誡命的措辭，這誡命是寫在石版上，它如今被放在天上聖殿的至聖所裡；如果這條誡命是經過改變的，那麼，它就應該說：「第一日是向耶和華你上帝當守的安息日。」但我看見它和從前上帝親手寫在石版上，也就是昔日在西奈山交給摩西的誡命是完全一樣！「但第七日是向耶和華你上帝當守的安息日。」我看出聖安息日仍是——而且永遠也是，乃是要作為上帝的真以色列民和不信的人之間的分界線，而且這安息日乃是使那為上帝所寵愛並等候祂的聖徒團結的大前提。

我發覺上帝有許多兒女還沒有認識並遵守安息日。他們沒有接受安息日的亮光。在大艱難時期開始的時候，我們都充滿了聖靈，要出去更圓滿地傳揚安息日的真理。這事觸怒了一些教會和有名無實的復臨信徒，因為他們無法反駁安息日的真理。正當此時，上帝所揀選的人都很清楚地發覺我們擁有真理，於是他們便出來和我們一同忍受逼迫。我看到遍地都有凶殺、飢荒、瘟疫和大混亂。惡人

以為是我們讓這些刑罰臨到他們身上的，於是他們便起來，商議要將我們從地上剪除，他們以為如此行就可以使災禍止息。

在那段艱難的時期，我們都逃出了各城市村鎮，但卻有惡人在後面追逐著，他們手裡拿著刀劍進入聖徒的家。他們舉起刀來要殺我們，但刀卻折斷了，並脆弱得像草一樣落在地上。那時我們都晝夜呼籲求救，而且呼聲也達到了上帝面前。

太陽忽然上升，月亮停住了，江河不再流動，濃黑的烏雲湧上來互相撞擊。但其上卻有一片寧靜榮耀而清明的地方，從那裡有上帝的聲音像眾水的聲音發出，震撼了大地。天空忽開忽閉，發生動搖。各山嶺好像風裡的蘆草一樣搖動，破碎的巖石紛紛四散。海洋像鍋爐的水一樣沸騰，同時從其中噴出石頭來，落在地上。

當上帝宣佈耶穌再來的日子和時辰，並將永約交給祂的百姓時，祂先講了一句，然後停頓一下，讓祂所講的話震徹全地。上帝的以色列民挺身肅立，眼睛向上，諦聽那出自耶和華口中像雷霆一樣震徹全地的聲音，那真是極其嚴肅的景象。在上帝講完每一句話之後，聖徒都喊叫說：「榮耀！哈利路亞！」他們的臉煥發著上帝的榮耀，正像摩西從西奈山下來時臉上發光一樣，惡人因這榮光而不敢看他們。當上帝向那些曾遵守祂的安息日為聖，並尊敬祂的人，宣佈那永久的福分時，就有大聲的吶喊發出，向那獸和獸像誇勝。

於是千禧年開始了，這就是全地得享安息的時候。我看見敬虔的僕人勝利地站了起來，卸下那捆綁他的鎖鏈，這時他那邪惡的主人則慌張失措了，因為惡人不明白上帝聲音的意思。

再過不久，那大朵的白雲出現，它是空前美麗的，其上有人子坐著。起先，我們看不見耶穌在雲彩上。但當它接近地面時，我們

可以看見那可愛的形體了。雲彩初次出現時，那就是顯明天上人子的兆頭。

上帝兒子的聲音把睡著的聖徒喚醒出來，披上光榮不朽的生命。活著的聖徒也在霎時之間變化了，和他們一同被提到雲彩的馬車裡。車子上升時看來是極其光榮的，它的兩邊有翅膀，下面有輪子。當馬車上升的時候，輪子喊叫著「聖哉」，翅膀在擺動的時候也喊叫著「聖哉」。雲彩四圍的聖天使也喊叫說：「聖哉，聖哉，聖哉！全能的主上帝！」雲彩上的聖徒也喊叫說：「榮耀！哈利路亞！」於是馬車一直升到聖城。耶穌打開金城的門，把我們領了進去。在這裡我們都受到歡迎，因為我們是已經守「上帝誡命」的人，「可得權柄能到生命樹那裡。」（啟示錄 14：12；22：14）

第十三章 ▪ 上帝對祂子民的眷愛
Chapter 13. God's Love for His People

　　我得悉上帝對於祂子民的慈愛，這愛實在是偉大無比的。我發覺有天使伸展著翅膀在聖徒的四圍看顧他們。每個聖徒都有一位護衛的天使。如果聖徒因灰心而痛哭流涕，或遭遇危險，那些經常護衛他們的天使就要迅速飛升上去，將這消息傳到天上，於是聖城裡的天使就停止了歌唱。這時，耶穌便要委派另一位天使下去勉勵、看顧，並保守他們不致偏離那條窄路。但如果他們不顧這些天使的照應，又不肯接受他們的安慰，而繼續走入歧途，天使就必因此表示憂傷而哭泣。他們要將這消息傳到天上，全城的天使都要痛哭，並大聲說：「阿們！」但如果聖徒定睛注視那擺在前面的賞賜，並以讚美上帝來榮耀祂，那麼天使們就要將喜信傳到聖城，城中的天使便要彈奏他們的金琴並揚聲歌唱：「哈利路亞！」並使整個穹蒼洋溢著他們可愛的歌聲。

　　聖城中有完美的秩序與和諧。一切奉命前來訪問這個地球的天使都持有一張金的卡片，在他們進城門的時候出示給駐守城門的天使看。天國實在是一個美好的地方。我很想到那裡去瞻仰那為我捨命、受敬愛的耶穌，並變成如祂榮耀般的形像。唉！唯願我能以言

語形容出那未來之光明世界的榮耀！我是多麼渴望能暢飲於那源自上帝聖城使人喜樂得生命的河水。

主已使我得見其他世界的異象。有翅膀賜給我，並有一位天使陪同我從聖城到一個榮美的地方去。那裡的草是碧綠的，那裡的雀鳥囀鳴著甜美的歌聲。那地居民的身材有大有小；他們都是高貴、威嚴、可愛的。他們都具有耶穌本體的真像，他們的臉上煥發著聖潔的喜樂，充分表現著那地的自由和喜樂。我問他們當中的一位，為什麼他們比地上的人們還遠為美麗可愛。他回答說：「我們向來謹守上帝的誡命，沒有像地球上的人因悖逆而墮落。」

隨後我看見兩棵樹。有一棵很像聖城中的生命樹，這兩棵樹上的果子看著都很美麗，但其中一棵樹上的果子卻是禁止摘食的，於是那陪伴我的天使對我說：「這地的居民沒有一個嘗過那禁樹的果子，但如果他們吃的話，他們就必墮落。」

後來我被帶到一個有七個月亮的世界。在那裡我看到了曾經變化升天的善良以諾。在他的右臂中持著一根榮耀的棕樹枝，每一片葉子上都寫著「勝利」的字樣。在他的頭上有一頂眩目的白色桂冠，每一片葉子中間都寫著「純潔」的字樣；桂冠的四周有各式各色的寶石，閃耀著比星星更燦爛的光輝，這光照在葉子的字上，使之更顯光大。在以諾的腦後有一個結，把桂冠扣住，結上寫著「聖潔」。桂冠上面有一頂華冕，煥發著比太陽更亮的光輝。我問以諾這是不是他原先從地上被遷來之處，他說：「不是的！那聖城乃是我的家，我只是到這裡來訪問一下。」他在這裡自由行動，猶如這就是他的家。我懇求那陪伴我的天使讓我留在那裡，我真不想回到這個黑暗的世界。於是天使對我說：「妳必須回去，如果妳能忠心到底，妳必能和十四萬四千人同享特權去訪問諸世界，並觀看上帝的作為。」

第十四章 ▪ 蓋印的工作
Chapter 14. The Sealing

　　1849 年 1 月 5 日，在安息日開始的時候，我們在康乃狄克州的石山（Rocky Hill）與貝拉頓弟兄全家一同禱告，有聖靈降在我們的身上。我在異象中被帶到至聖所，我在那裡看見耶穌仍在為以色列代求。在祂衣袍底邊上掛著一個鈴鐺和一個石榴。於是我發覺耶穌不至於離開至聖所，直到每一個案件已經定讞，或得救或滅亡，而上帝的忿怒也不至於傾降，直到耶穌完成了祂在至聖所的工作，脫掉祂祭司的袍子，穿上報仇的衣服為止。

　　那時，耶穌就要離開祂在天父和人類之間的地位，上帝就不再保持緘默了，卻要在那些已經拒絕祂真理的人身上，傾降祂的忿怒。我發覺外邦發怒，上帝的忿怒，和審判死人的時候，乃是清楚有分明的事件，且要依次發生，而米迦勒還沒有站起來，那從來沒有過的艱難時期還沒有開始。邦國現今正在發怒，然而等到我們的大祭司完成了祂在聖所中的工作時，就要站起來，穿上報仇的衣服，那時最後的七大災就要傾降下來了。

　　我得悉那四位天使必要執掌四方的風，直到耶穌在聖所的工作

完畢為止，然後那七大災就要臨到。這些災難激怒了惡人來攻擊義人；他們以為那使上帝的報應臨到他們身上的乃是我們，如能將我們從地上消滅，這些災難就必止息了。於是就有命令發出要殺滅聖徒，這就使聖徒晝夜呼求拯救，這乃是雅各遭難的時候。（參閱〈創世記〉32章）那時一切聖徒都因心靈的痛苦而喊叫，終於因上帝的聲音而得蒙拯救。那十四萬四千人得勝了！他們的臉上都因上帝的榮耀而發光！

後來我蒙指示看見一群痛哭哀號的人。他們的衣服上寫著幾個大字：「你被稱在天平裡，顯出你的虧欠。」我問這一群人是誰。天使說：「這些乃是曾經一度遵守安息日，後來又放棄了的人。」我聽他們大聲喊叫說：「我們曾相信你的復臨，並曾致力宣講。」當他們說話的時候，他們的視線就落到自己衣服的字上，於是他們便大聲哀哭。我發覺他們曾喝清水，剩下的水他們竟用腳攪混濁了——把安息日踐踏在腳下，因此他們被稱在天平裡，顯出他們的虧欠來。

隨後那陪伴我的天使再為我指出聖城，在那裡我看見四位天使飛向城門去。他們正在向那駐守城門的天使出示他們的金卡片，這時我看見另一位天使從那極其榮耀的地方迅速飛來，大聲向其他的天使喊叫，並在手裡擺動著一樣東西。我請求那陪同我的天使為我解釋所看到的。他告訴我當時不能再多看了，但他過不久就要向我解釋我所看見的那些事的意義。

安息日的下午，我們當中有一個人病了，要求眾人為他代禱，使他得以痊癒。我們都一同祈求那位從未失敗過的大醫師，於是當醫治之能下降，病患獲得痊癒的時候，聖靈就降在我身上，我就見了一次異象。

我看到四位在地上有當執行任務的天使，他們正在出發去完成這任務。耶穌還穿著祭司的衣服。祂以憐恤的表情垂看餘民，然後舉起手來，用深深憐恤的聲音喊叫說：「我的血，父啊，我的血！我的血！我的血！」於是我看見一道極其明亮的光，從坐在白色大寶座上的上帝那裡發出來，照耀在耶穌的四周，隨後我看見一位天使奉耶穌所給他的使命，迅速飛翔到在地上有一番工作要作的四位天使那裡，手中上下擺動著一樣東西，並且大聲喊叫說：「稍待！稍待！稍待！稍待！直等到上帝眾僕人在額上受了印記。」

　　我問那陪伴的天使關於我所聽見之事的意義，和那四位天使將要作的是什麼。他對我說，那遏制列強權勢的乃是上帝，而且是祂命天使執掌地上的事；那四位天使有從上帝而來的權柄，執掌四方的風，而且他們準備要鬆手，但是正當他們要鬆手，四方的風將要颳開來的時候，耶穌慈憐的眼睛望著那些還沒有受印記的餘民，便向父舉手，懇求說祂曾為他們流血。於是另有一位天使奉命迅速飛到那四位天使那裡，吩咐他們稍待，直等到上帝的眾僕人在額上受了永生上帝的印記。

第十五章 ▪ 信心的考驗
Chapter 15. The Trial of Our Faith

在這考驗的時期，我們需要彼此勸勉，互相安慰。撒但的試探現今比過去任何時期都更為強烈，因為他知道他的時候不多了，而且每一個人的案子將要定讞──或得生命，或要死亡。現今不是在灰心和考驗之下頹喪的時候！我們必須在一切苦難之中堅持到底，並完全倚賴雅各的全能主上帝。主已經向我指明，祂的恩典足以讓我們應付一切的試煉；雖然這些試煉比過去更大，但如果我們完全倚賴上帝，我們必能勝過每一次的試探，靠祂的恩典而得勝。

如果我們能勝過考驗，並制勝撒但的試探，就比那被火試煉仍然能壞的金子更顯寶貴，並且更有力量預備好去應付下一次的考驗。但如果我們倒下，並依從撒但的試探，我們就必越發軟弱，不能為這次的考驗獲得賞賜，更沒有適當地準備好去應付下一次的考驗。這樣，我們就要愈來愈軟弱，直到我們被撒但任意擄去。

我們必須穿戴上帝的全副軍裝，準備隨時與黑暗的權勢作戰。當試探和考驗向我們衝來時，我們要來到上帝面前，藉著祈禱與祂較力。祂絕不會叫我們空空而去，卻要賜我們恩典和能力來得勝，

並打破仇敵的勢力。唉！唯願人人都能看明事情的真相，並作基督耶穌的精兵，同受苦難！這樣，以色列才能靠上帝的大能大力勇往直前。

上帝啟示我：祂將苦杯給祂的子民喝，為要鍛鍊並潔淨他們，這杯誠然是苦的。但他們若發怨言、訴苦、發牢騷，那就必使這杯更顯得苦了，所以凡抱這種態度的人必須再喝一杯，因為頭一杯沒有在他心靈上發揮應有的作用。如果第二杯仍不生效，他們就必須再喝第三或第四杯，直到它有了應有的功效為止，否則上帝就要撇下他們，任憑他們的心靈受到污穢了。我看明這個苦杯能因忍耐、涵養、和祈禱而變為甘甜，凡這樣去接受苦杯的人，它必能在他們的心上發揮其應有的作用，而且上帝也必得到尊榮。

成為基督徒，並為上帝所承認所嘉納，真不是一件小事。主已經向我指出一些人是自稱相信現代真理的，但他們的生活卻與信仰不相符合。他們把敬虔的標準定得太低了，他們距離《聖經》中聖潔的標準太遠了。有的人在言語上太不檢點，另一些人則依從私心的慾恩。莫想我們一方面取悅自己，效學世俗的作風，貪享世俗的宴樂，與世俗份子同流合污，而一方面還能希望在榮耀裡與基督一同作王。

如果我們要在來生與基督分享榮耀，則我們必須在今生與基督同受苦難。如果我們只求自己的利益，想如何滿足自己的心意，而不研究如何討上帝的喜悅，並促進那寶貴而多受折磨的聖工，我們就要羞辱上帝和我們所自稱愛護的聖工了。我們現今只剩一點點光陰可以用來為上帝作工了。我們沒有什麼財物是太貴重，不能獻上為拯救那些屬耶穌的卻被分散被撕裂的羊群而用。凡在現今以犧牲和上帝立約的人，很快就要被召回家中分享豐富的賞賜，並承受那

新的國度，直到永永遠遠。

　　唉！唯願我們都能完全為主而活，並且藉著一種有規律的生活和敬虔的行為，證明我們是跟過耶穌的，乃是祂柔和而謙卑的門徒。我們必須趁著白晝作工，因為等到患難和痛苦的黑夜來到時，若想再為上帝作工，就太晚了！耶穌在祂的聖殿裡，現在還能接受我們的犧牲、祈禱和我們所承認的過錯與罪惡，也必赦免以色列的一切過犯，使這些過犯能在祂離開聖所之前被塗抹。等到耶穌離開聖所之後，那時聖潔的和為義的人，要仍舊聖潔，仍舊為義，因為他們一切的罪惡要被塗抹了，他們也要印上永生上帝的印記。但那些不義和污穢的人，卻要仍舊不義，仍舊污穢，因為那時在至聖所裡再沒有祭司替他們在父的寶座前獻上他們的犧牲、認罪和祈禱了。因此，凡是為搶救生靈脫離那即將來到之忿怒的風暴所作的努力，必須在耶穌離開天上聖殿的至聖所以前完成。

第十六章 · 致小群的書信
Chapter 16. To the Little Flock

　　親愛的弟兄：1850 年 1 月 26 日主使我見到一次異象，我現在要
向你們述說。我蒙指示看到上帝的百姓中有一些人是昏庸遲鈍、半
醒半睡的，他們不認識我們現在所處的時代……我也看到有一些人
有被掃除的危險。我懇求耶穌救他們，再寬容他們一段時間，讓他
們看出自己那可怕的危險，以便及時作好準備，免得後悔莫及。天
使說：「毀滅將要來到，像強大的旋風一樣。」我懇求天使憐惜並
拯救那些貪愛世俗、迷戀財物，且不願放棄的人，使他們肯犧牲，
幫助福音的使者出去，餵養那些因缺乏靈糧而瀕於死亡的飢餓羊群。

　　當我看到許多因缺少現代真理而行將死亡的可憐生靈，又看見
一些自稱相信真理，而緊緊抓住那需要用來推展上帝聖工的錢財，
聽憑可憐生靈死亡的人，這景象真的令我太傷痛了！我懇求天使不
要讓我再看這種景象，我發覺當上帝的聖工需要他們一部分的財物
時，他們卻像那來到耶穌面前的青年人一樣（參閱馬太福音 19：
16–22），憂憂愁愁地退去了，不久那敵軍如大水漲漫經過的時候，
很快就要把他們的財產完全沖掉，那時他們再想犧牲地上的財物以

便積攢財寶在天上，則為時晚矣。

後來我又看見榮耀的救贖主，華美而可愛，祂曾離開榮耀的領域，來到這個黑暗而孤寂的世界，為要捨去祂寶貴的生命，為不義者捨命。祂忍受了殘酷的侮辱和鞭打，戴上荊棘冠冕，在園中流出汗珠大如血點，因有全世界的罪擔壓在祂身上。天使問道：「為什麼呢？」唉！我這才發覺祂這樣做全都是為了我們，祂曾因我們的罪而忍受這一切，為要用祂的寶血救贖我們歸回上帝！

後來天使又向我指出：當耶穌侍立在天父面前，用祂的寶血，祂所受的苦難，和祂的死為將亡的生靈請願時；當上帝的使者在等待著，要將救人的真理傳給他們，使他們能領受永生上帝的印記時，有一班人卻不肯放棄屬世的財物，以便真理能夠傳給他們。而有一些自稱相信現代真理的人，若要他們將上帝所交託他們代管的錢財交給上帝的使者，他們卻認為這是一件難事。

受苦的耶穌，和祂那如此深厚的，甚至使祂為人類捨命的大愛，又再次顯示在我眼前，而那些自命為門徒，他們擁有今生的財物，卻認為幫助救人的事業是一種不得了的負擔的人，也顯示在我面前。天使說：「這樣的人能進天國嗎？」另一位天使回答說：「不！絕不能，絕不能，絕不能！凡對上帝在地上的聖工漠不關心的人，絕不能在天國歌唱救贖之愛的行列裡。」我得悉上帝在地上所進行的工作將要速速地完結，所以福音的使者必須趕快去尋找四散的迷羊。

大震動已經開始了，而且必要繼續震動，以致凡不願奮勇堅持真理並為上帝和祂的聖工犧牲的人，都要被震落。天使說：「你以為有什麼人要被強迫犧牲嗎？不！不！這必須是出於自願的奉獻。人若要買這塊地，就必須捨去一切。」我呼求上帝寬恕祂的百姓，因為其中有昏迷的、有垂死的。後來我又得悉全能者的刑罰很快就

要來到，我就央求天使用他的言語向眾人講話。他說：「凡不受《聖經》簡明真理感動的人，也不會因西奈山的一切雷霆和閃電受感動，天使所傳來的信息也不足以喚醒他們。」

後來我又見到耶穌的華美可愛。祂的衣袍比最潔白的白色更白，真沒有什麼言語足以形容祂的榮耀和崇高的優美。一切遵守上帝誡命的人，都要從門進入聖城，有權吃生命樹的果子，並永遠侍立在可愛的耶穌面前，祂的聖顏煥發的榮耀比晌午的太陽更為光明。

天使向我指出亞當和夏娃在伊甸園吃了禁果就被趕出樂園，後來上帝便在生命樹的周遭安置那發火焰的劍，唯恐他們繼續吃那樹上的果子而變成永遠不死的罪人，因為生命樹乃是使人永遠不死的。我聽見一位天使發問說：「亞當家的哪一個人曾越過那發火焰的劍去吃過生命樹的果子呢？」又聽見另一位天使回答說：「亞當的家中沒有一個人越過那發火焰的劍去吃那樹的果子，因此現今沒有一個永遠不死的罪人。犯罪的生靈必遭受永久的死亡，這是一直延續到永遠的死亡，再沒有復活的希望，如此上帝的忿怒才得平息。」

「聖徒將要在聖城裡安息，並要作王作祭司一千年，然後耶穌要同聖徒降臨在橄欖山上，這山就要崩裂，成為一片遼闊的平原，給上帝的樂園預備地方。地球其餘的地方必不得潔淨，直到一千年完了，那時死了的惡人要復活，圍繞聖城。惡人的腳永遠不致玷污將來更新的地球，必有火從天上上帝那裡降下來焚毀他們，根本枝條一無存留。撒但就是根本，他的兒女就是枝條，那焚盡惡人的火焰將要潔淨全地。」

第十七章 ▪ 天勢的震動
Chapter 17. Shaking of the Powers of Heaven

　　1848 年 12 月 16 日，主給我得見天勢震動的異象。我得悉在主講論到馬太、馬可和路加所記錄的預兆時，所說的「天」就是天，所說的「地」就是地。「天勢」就是日、月、星辰，它們是在天上管晝夜的。地上的權勢就是那些在地上掌權的人。天勢將要被上帝的聲音所震動。那時太陽、月亮和星辰將要挪移本位，它們不會消逝，只是被上帝的聲音所震動。

　　有濃黑的煙雲上來，互相撞擊。天空裂開而捲起來了，那時我們的視線能透入獵戶星座的空隙，有上帝的聲音從其中出來。聖城將要從那空隙中下降。我看到地上的權勢現今正在被震動，而且各項大事將要依次發生。打仗和打仗的風聲、刀劍、饑荒和瘟疫，將要先震動地上的權勢，然後上帝的聲音要震動日、月、星辰和這個地球。我看到歐洲各權勢的震動，並不像某些人所講的是天勢的震動，而是發怒的列國的震動。

第十八章 ▪ 為末日作準備
Chapter 18. Preparation for the End

　　1851 年 5 月 14 日，我看到耶穌的榮美可愛。當我看到祂的榮耀時，我沒有想到我會再離開。我看見有一道光從那圍繞天父的榮耀中出來。當這道光臨近我的時候，我身體便像一片葉子似地顫抖起來。我想如果這道光再挨近我的話，我就要被消滅了，但結果那道光越過我去了。那時我才多少體會到，那與我們有關係的上帝是何等的大而可畏呀！那時我才看出一般人對於上帝聖潔的概念是多麼模糊，以及他們多少次妄稱這聖潔尊貴的名，而沒有覺察出所提述的乃是上帝，就是那大而可畏的上帝。當祈禱的時候，許多人隨便用一些輕率不敬的言詞，使主敏銳易感的靈擔憂，以致他們的祈禱被關在天國的門外。

　　我也發覺許多人還沒有體會到自己必須達到怎樣的程度，才能在沒有大祭司在聖所中的時候，依舊可在主的面前存活。那些接受永生上帝的印記，並在大艱難時期得蒙保守的人，必須充分反映耶穌的形像。

　　我看到有許多人還在忽略他們所必須做好的準備，竟指望將來

「安舒的日子」和「晚雨」能使他們有資格得以在主的日子站立得住，好在祂面前存活。唉！我看見多少人在艱難時期中沒有藏身之所啊！他們已經忽略了他們的準備，因此，他們不能領受那使人配在聖潔的上帝眼前存活所必須具有的安舒。

那些拒絕先知的雕琢，不肯順從真理來潔淨自己心靈，又妄想自己的現實情況遠比實際更為樂觀的人，必要等到災難傾降的時候，才發現自己需要為了這天上的房屋而受磨練呢！但那時再沒有時間再供他們這樣作了，也沒有中保在父面前為他們代求了。在這以前，那極嚴肅的宣言已經發出：「不義的，叫他仍舊不義；污穢的，叫他仍舊污穢；為義的，叫他仍舊為義；聖潔的，叫他仍舊聖潔。」

我看出沒有人能夠分享「安舒」，除非他們能勝過每一項纏繞他們的罪，以及驕傲、自私、貪愛世界和每一項錯言錯行。因此，我們應該愈來愈親近主，懇摯地致力於必須的準備，以便在耶和華爭戰的日子站立得住。人人都當記得上帝是聖潔的，唯有聖潔的人才能在祂面前永遠居住。

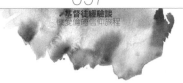

第十九章 ▪ 與貧困奮鬥
Chapter 19. Struggles with Poverty

1847 年 8 月 26 日，我們第一個兒子亨利‧尼克斯‧懷特（Henry Nichols White）在緬因州歌爾罕鎮出生了。當年 10 月，我們住在托普縣的郝蘭德夫婦家裡，郝蘭德夫婦很仁慈地在自己家裡讓出一部分地方給我們住，我們就感激地領受，並用幾件借來的傢俱開始組織我們的小家庭。那時我們很貧苦，生活非常窘迫，但我們決定不倚賴別人，要自食其力，並且如果還有一點餘力的話，我們會去幫助人。但我們的景況未見好轉，那時我的丈夫很辛苦地參加修築鐵路、搬運石頭，但得不到他所應得的工資。郝蘭德夫婦在他們有經濟能力的時候，很慷慨地拿自己的東西分給我們，然而，他們自己的景況也是非常困難的。他們全心相信第一和第二位天使的信息，並且很慷慨地捐出自己的財物來推進聖工，以致他們是靠自己的勞力來維生。

後來我的丈夫不再搬運石頭了，卻拿著斧頭到森林裡去砍柴。他的腰雖然時常酸痛，但他還從清晨一直工作到晚上，每日賺五角錢。我們竭力抱著樂觀的態度，並且信靠主。我沒有發怨言。每天

早上我感謝上帝，因祂保守我們過了一夜，在晚上我感謝祂保護我們又過了一天。

有一天我們家裡斷了糧，我的丈夫便到他雇主那裡去領取現金或糧食。那天有大風雨，他在雨裡來回走了三英哩。他回來時身上背著一袋糧食，袋子是紮成幾部分的。他曾背著這袋糧食經過伯倫斯維克村，就是他常在那裡講道的地方。當他精疲力竭地走進家門時，我的心就沉下去了。我第一個想法，就是上帝已經丟棄了我們。我對丈夫說：「我們竟落到這種地步了嗎？難道主已經離開了我們嗎？」我抑制不住自己的眼淚，放聲痛哭達數小時之久，直到昏厥了。旁人為我代禱。隨後我感覺到上帝聖靈歡樂的臨格，我就懊悔我竟被灰心的情緒所勝。我們極願跟隨基督並效法祂，但是有時我們竟會在試煉之下軟弱，離祂很遠。苦難和考驗使我們親近耶穌。窯裡的火足以焚盡渣滓，鍛鍊成精金。

這時我蒙指示，得悉主過去鍛鍊我們，是與我們有益的，要預備我們去為別人效力。祂如鷹攪動巢窩，免得我們安逸下來。我們的工作乃是為救靈而勞碌；如果我們富足了，家庭的生活就要成為非常安樂的，以致我們捨不得離開家庭；苦難被容許臨到我們身上，乃是要讓我們有所準備，好在我們日後旅行，遭遇更艱苦的爭戰可足以應付自如。我們不久接到從各州弟兄們寫來的信，邀請我們去訪問他們。但我們沒有離州出門的路費，因此我們的回答乃是：我們前面的路還沒有打開。當時我認為我不可能帶著孩子一同旅行。我們不願倚賴人，所以謹慎地量入為出，我們決心寧可受苦而不願負債。

過了不久，小亨利患了重病，病狀很快就惡化了，我們非常恐慌。他呼吸急促且沉重，我們給他藥物吃，但完全沒有起色。於是

我們請來一位對病情很有經驗的人，但他說他不確定小亨利能否痊癒。我們曾經為他禱告，但病勢依然沒有好轉。我們過去曾把孩子當作不出門作工的託辭，所以這時我們恐怕主有意要把他取去。於是我們再到主的面前來，求祂向我們發慈憐，拯救這孩子的性命，同時我們也嚴肅地許願：不論今後上帝派我們到那裡去，我們都願意信賴祂而遵命前往。

我們的禱告是熱切而傷痛的。我們憑著信心，要求上帝成就祂的應許，並且相信祂垂聽了我們的呼求，這時有光明從烏雲裡照射在我們身上了，上帝開恩應允了我們的祈禱。從那一時刻起，小亨利就開始逐漸痊癒了。

初次訪問康乃狄克州

我們在托普縣接到康乃狄克州米德爾敦城的張伯倫（E.L.H. Chamberlain）弟兄的來信，請我們去參赴 1848 年 4 月在該州召開的會議。我們決定若能得到路費，就去赴會。我的丈夫和他的雇主結完帳之後，發現還可支取工資十塊錢。我用了五塊錢來購買幾件我們所急需的衣服，然後把丈夫的大衣補好了，連補釘還是拼湊起來的，使得袖子上都看不到原來的布。我們還剩下五塊錢，夠到麻塞諸薩州多切斯特城之用。

我們的一隻箱子幾乎就裝盡了我們在世上所有的一切東西，但我們卻享有心靈上的平安和一顆無愧的良心，這是我們所最寶貴的，遠過於屬世的安逸。

我們在多切斯特訪問了倪歐特斯（Otis Nichols）弟兄。當我們離開的時候，倪夫人拿出五塊錢給我的丈夫，這正好夠付我們到康乃狄克州米德爾敦的路費。我們在那裡人地生疏，從來沒有見過康

州的一個同道。那時我們手裡只剩五角錢了。我的丈夫不敢用它來雇車子，便將箱子放在一個附近木行裡的一堆木板上，我們徒步行走，去尋找同道弟兄。不久我們找到了張伯倫弟兄，他就把我們帶到他家裡去。

石山的會議

石山的會議是在亞爾培・貝登（Abert Belden）弟兄家裡尚未造好的一間客廳裡舉行的。我的丈夫寫信給郝蘭德弟兄，論到這次會議說：

「4月20日，貝登弟兄派人駕著他的馬車到米德爾敦來，接我們和散居在該城的幾位弟兄。我們約在下午四點鐘到達會場，過了幾分鐘，貝約瑟和葛尼弟兄也來到了。當天晚上，我們約有十五人開了一次會。星期五上午，還有其他弟兄也陸續來了，直到我們有五十人之多。這些人不都是完全接受了真理的。當天的聚會是很有興趣的。貝約瑟弟兄清楚地講解了十條誡命，同時有人作了有力的見證，強調十誡的重要性。他所傳的道堅固了那些已經接受真理的人，並喚醒了那些還沒有完全下決心的人。」

籌資訪問紐約州西部

兩年前我已蒙啟示，將來要訪問紐約州西部。於是在石山會議結束後，我們被邀在八月間參赴紐約州法勒尼城的聚會。希蘭・愛德生（Hiram Edson）弟兄寫信給我們，說那裡的弟兄多半是貧窮的，所以他不敢答應幫助解決我們的費用，但他願意盡他所能的。那時我們還沒有路費。我丈夫的健康欠佳，但他得到一份在稻田裡割草的工作機會，就決定去了。

那時我們似乎必須憑信心過日子。我們早上起來時，就跪在床邊，求上帝賜我們力量承擔一天的工作。我們每次必須確知上帝垂聽了我們的祈禱，才能滿意，於是我的丈夫便靠上帝所賜給他的力量，出去整日割草，在他晚上回家時，我們再懇求上帝賜我們能力，可以賺一點錢來傳播真理。他在 1848 年 7 月 2 日寫信給郝蘭德弟兄，論到這種經驗說：

「今天下雨，所以我沒有割草，否則我也不會寫信了。我五天為非信徒割草，星期日為信徒割草，在第七日休息，因此我沒有很多時間來寫信。……上帝賜我力量整天勞碌。……我同霍德弟兄和約翰・貝登弟兄二人已經包下一百英畝的草田，每畝的工錢是八角七分五厘，飯是吃自己的。讚美主！我希望能在這裡得到幾塊錢來用在聖工上。」

結果我丈夫在割草的工作上得到四十塊錢，我們用了一部分錢來買幾件必需的衣服，剩下的尚夠支付來往紐約州西部的路費。

當時我的健康欠佳，所以我不能一面旅行又照顧孩子。故此我們把十個月大的小亨利留在米德爾敦的克莉莎・班斐（Clarissa Bonfoey）姊妹的家裡。要我離開我的孩子真是一次嚴厲的考驗，但我們不敢讓愛孩子的心使我們偏離了本分。耶穌已經捨命來拯救我們，我們所付出的任何犧牲若和祂的相比，是多麼微小啊！

法勒尼的會議

我們在紐約州西部第一次大會是在 8 月 18 日開始的，地點就在法勒尼城，大衛・阿諾德（David Arnold）弟兄的穀倉裡。赴會的人約有三十五位——這要算是該州西部所能召集的全部同道了。但在這些人中，幾乎沒有兩個人的看法是完全一致的。有一些人還堅持

高舉《聖經》

1848年懷愛倫在某次見異象之時，左手舉起一本重達十八磅（約8公斤）的《聖經》，再用右手翻揭書頁，並用手指著所講的經文，長達半小時之久。

極為錯誤的謬見，且各人都堅持己見，聲稱自己的看法是合乎《聖經》的。

這種意見分歧的奇怪現象重重地壓在我心上，我發覺有許多人拿謬論當作真理傳講。在我看來，這種情形是羞辱上帝的，我的心靈深為憂傷，終於在這種壓力之下暈倒了。有些人恐怕我將要死了。貝約瑟、張伯倫、葛尼、愛德生等弟兄和我的丈夫都為我禱告，主垂聽了僕人們的祈禱，我便醒了過來。

當時有天國的光輝照在我的身上，不久我就對地上的事物失去了知覺。那陪同我的天使向我指出當時在場幾個人的錯謬，同時也指明了那與他們的謬見作為對照的真理。這些據他們所說是合乎《聖經》的互相矛盾的觀點，只不過是他們對於《聖經》教訓的意見而已，於是我受命勸他們放棄他們的謬

論，並在第三位天使的信息真理上團結起來。

我們的聚會勝利地結束了，真理獲得了勝利！我們的弟兄們放棄了他們的謬論，並在第三位天使的信息上團結起來了，結果上帝大大地賜福給他們，使他們的人數增加了許多。

訪問斯諾弟兄

我們從法勒尼到相距六十英哩的基布孫港，去參赴 8 月 27 日和 28 日的另一次聚會。8 月 26 日，我的丈夫寫信給郝斯汀弟兄說：「我們在漢尼巴城，寄宿在斯諾弟兄家裡，那裡有十數個寶貴的生靈。貝弟兄、愛德生夫婦，和賽門弟兄同他們過了一夜，次日早晨愛倫見了一次異象，當她見異象的時候，弟兄們都進來了，其中有一位還沒有接受安息日的真理，但他是心地謙卑而善良的。愛倫在異象中站了起來，拿起了一本大《聖經》，在主面前把它舉了起來，從其中發表了一番講論，然後把《聖經》交給那位謙卑的弟兄，放在他的手裡，他眼淚汪汪地把它接了過來。隨後愛倫就在我旁邊坐下，她在異象中共有一個半小時，在此期間，她沒有一點呼吸，那真是一個動人的時辰。我們都流了許多快樂的熱淚，我們讓貝弟兄留在那裡，自己則和愛德生弟兄來到此地。」

註：1848 年 9 月，懷雅各牧師夫婦自紐約州西部回來之後，隨即又旅行到緬因州去，他們在那裡與當地的信徒，從 10 月 20 日至 22 日舉行了一次聚會。這就是托普縣會議，弟兄們在會議中開始祈求主，為印行有關復臨信息的真理刊物而開路。一個月之後，即 1848 年 11 月間，他倆與一小群弟兄姊妹，在靠近麻塞諸薩州波士頓地方的多切斯特聚集。就在那次聚會中，有真光賜了下來，指示懷雅各牧師要負起印行第三位天使信息的真理刊物的責任。

第二十章 · 令人鼓舞的神旨
Chapter 20. Encouraging Providences

　　後來我又奉召為使人得益而捨己，我們必須離開我們的小亨利，出去毫無保留地獻身聖工。那時我的健康情況極差，所以如果帶著小孩子，他就一定要佔據我大部分的時間。那真是一個嚴厲的考驗，但我不敢讓他攔阻我們盡職的道路，我相信上一次他患重病的時候，主曾為我們保留了他的性命，所以如果我讓他攔阻我不能盡到本分，上帝就可能把他取去。於是我只得以一顆辛酸的心和許多眼淚，在主的面前決意犧牲，把我第一個孩子交給別人撫養。

　　我們很放心地把亨利留在郝蘭德弟兄的家裡，他們願意負起這份照顧的擔子，為要使我們可以無牽掛地為上帝的聖工效勞。我們深知他們必能比我們在旅行中帶著孩子更可以好好照顧亨利。我們也知道，亨利若能有一個安定的家庭和堅穩的管教，乃是對他最有益處的，可以使他那和美的性情不致受到損害。

　　我和小孩子分離時真是難捨，我和他離別的時候，他那小臉蛋上悲傷的表情真令我日夜難忘，但我靠著主的能力擺脫了留戀孩子的私心，要竭力為別人謀福。

郝蘭德弟兄一家完全負起教養亨利之責，足有五年之久。他們毫無報酬地撫育他，供應他的衣食，而我只能像哈拿對待撒母耳一樣，每年送一件禮物給他。

吉伯特‧柯林斯的痊癒

　　1949 年 2 月的一天早上，當我們在郝蘭德弟兄家裡舉行家庭禮拜時，我蒙指示，得悉我們有責任要到麻塞諸薩州達特茅斯城去。過不久我丈夫到郵局去，帶來一封腓力普‧柯林斯（Philip Collins）弟兄寄來的信，促請我們到達特茅斯去，因為他們的兒子病勢嚴重。我們立時前往，發現那個十三歲的孩子患百日咳已有九個星期了，他這時身體虛弱，骨瘦如柴。他的父母以為他是患了肺結核，並且一想到自己必須喪失獨生子，他們就非常痛苦。

　　我們一起為那孩子禱告，懇切求主饒赦他的生命，雖然看上去他不可能復原，但我們相信他的病是能好的。我的丈夫把孩子抱在懷裡，在屋內走來走去，說：「你必不至死，仍要存活！」我們相信上帝一定能因孩子的痊癒而得到榮耀。

　　我們離開了達特茅斯有八天之久。後來我們回到那裡時，小吉伯特親自走出來迎接我們，他的體重已經加了四磅。他們一家人都在上帝裡面，因祂的眷愛而歡喜快樂。

田普姊妹的得蒙醫治

　　我們接到一封要我們去新罕布夏州的紐易普斯衛市去拜訪海斯汀姊妹，她那時病勢嚴重，我們為這事祈禱，結果得到確切的憑據，知道主一定和我們同去。我們途中寄宿在多切斯特城的倪歐特斯弟兄家裡，他們就向我們提起波士頓城田普（Temple）姊妹的病。她在臂上長了一個瘡，使她非常擔心。這瘡已經蔓延到肘彎上了。她

已經受了很大的痛苦，也曾就醫求治，結果終究徒然無功。她最後治療的努力竟使病症蔓延到了肺部，她深恐若不立刻得到幫助，這病勢必造成肺結核。

田普姊妹曾留信請我們去為她祈禱。我們以戰驚恐懼的心，先求上帝保證一定要為她施行神蹟，但我們並沒有得到這種憑據，於是我們只得倚賴上帝單純的應許進到病房裡去。田普姊妹的臂部已經痛得相當厲害，甚至我們不能摸它，只能把油倒在上面，於是我們聯合禱告，求上帝實踐祂的應許。當我們正在祈禱的時候，田普姊妹臂部的劇痛就止住了，我們離開的時候，她在主裡面大為歡喜。八天之後，我們又回去拜訪她，看見她已復原，並且正在用力清洗衣服。

倫納德・海斯汀的家庭

我們來到倫納德・海斯汀（Leonard Hastings）弟兄的家裡，看見他們都處在非常的難過和悲傷中，海斯汀姊妹出來歡迎我們，聲淚俱下地說：「在我們需要極迫切的時候，主差你們到我們這裡來了。」她有一個八個星期大的嬰兒，醒著的時候一直不停地啼哭，再加上她自己的身體虛弱，於是，很快地把她的精力消耗殆盡了。

我們遵照〈雅各書〉的指示懇切地為這位母親禱告，並且得到憑據，我們的祈禱已蒙主垂聽。有耶穌在我們當中來打破撒但的權勢，使這被擄的人得釋放，但我們也明明看出，孩子的哭聲若不止息，母親絕不能恢復體力。我們用油膏了那小孩子，為他禱告，並且深信主必賜給母親與孩子平安和安息，結果事情就如此成功了。孩子的哭聲止息了，我們離去時，母子兩人的情形都很好，母親的感激之情莫可言宣。

我們對那個家庭的訪問乃是一次寶貴的經驗。我們彼此心心相印，尤其是海斯汀姊妹的心與我的心深深契合，正如約拿單與大衛的一樣。在她的一生中，我們兩人之間始終沒有一點隔閡。

活水——一個很奇特的夢

有一次我的丈夫到新罕布夏州和緬因州去參赴聚會。他出門之後，我就深感不安，恐怕他傳染到當時所流行的霍亂。但有一夜我夢見當許多人正因患霍亂症而死亡的時候，我的丈夫建議我們出去散步。在散步時我注意到他眼睛充血、臉上發紅、嘴唇發青，於是我對他說，我恐怕他容易傳染到霍亂症。他說：「再向前走幾步，我就要向妳指出一個治霍亂最靈驗的方法。」

當我們向前走的時候，我們來到一條小河旁，走上一道橋，當時我丈夫突然撇下我，跳到河裡不見了。我吃了一驚，但他很快就從水中出來，手裡拿著一杯清涼晶瑩的水，他把水喝下去，說：「這水能醫治各式各樣的疾病。」他再度沈入水裡去不見了，但他很快又從水中出來又拿起一杯水來，說了相同的話。

當時我很懊喪，因為他沒有讓我喝那水。他說：「這條河的河底有一個秘密泉源，能治好各式各樣的病症，但每個人都必須冒險跳下去，才能得著。誰都不能替別人取水，各人必須親自跳下去。」當他喝那杯水的時候，我察看他的臉，見他的氣色紅潤健美，他似乎很健康。我醒過來時，所有的懼怕都消滅了，我就把我丈夫交給一位慈憐的上帝，並完全相信上帝能使他安全歸來。

第二十一章 ▪ 祈禱與信心
Chapter 21. Prayer and Faith

　　我常蒙指示，得悉主的兒女們太疏忽祈禱，特別是私下的祈禱，以致許多人沒有按著他們所賦有的權利及義務去運用信心，卻經常等待得到那唯有藉信心才能得著的感覺。感覺不是信心，這完全是兩回事。信心的運用在於我們，但愉快的感覺和蒙福卻在乎上帝的賜予。上帝的恩典，乃是藉著我們活潑的信心為通渠而注入我們的心靈，這種信心我們都有權力去運用。

　　真正的信心，是要在我們尚未體驗並感覺到上帝所應許的福惠之前把握住它，並向上帝祈求領受它。我們必須憑著信心，將我們的禱告呈獻到第二層幔子裡面，並讓我們的信心握住所應許的福，並當作是自己的福而要求領受它。隨後我們就要相信我們領受這福，是因我們的信心已經握住它，並且根據《聖經》的話，這福已經是我們的了。「凡你們禱告祈求的，無論是什麼，只要信是得著的，就必得著。」（馬可福音 11：24）這就是信心，是顯露出來的信心，甚至在我們體驗到福惠之前就相信已經領受它了。當我們體驗並享受到所應許之福時，信心就被它所吞沒了。但許多人以為他們正在大量領受聖靈的時候就大有信心，並以為若不感覺到聖靈的能力就不能有信心。這樣的人是將信心和那因信心而來的福惠混為一談了。

事實上，我們最需要運用信心的時候，就是我們感覺缺少聖靈的時候。當濃黑的烏雲似乎籠罩著我們心靈的時候，那正是應該讓活潑的信心來穿透黑暗並驅除烏雲的時候。

真實的信心以《聖經》中所記的應許為根據，唯有順從《聖經》教訓的人，才有權領受其中榮美的應許。「你們若常在我裡面，我的話也常在你們裡面，凡你們所願意的，祈求就給你們成就。」（約翰福音 15：7）「我們一切所求的，就從祂得著；因為我們遵守祂的命令，行祂所喜悅的事。」（約翰一書 3：22）

我們應該多作隱密的祈禱。基督是葡萄樹，我們是枝子，如果我們要滋長而茂盛，就必須不斷地從那「活的葡萄樹」吸取液汁和營養，因為我們離開了「葡萄樹」就沒有能力。

我問那位天使，為什麼以色列中沒有更多的信心和能力。他說：「你們放鬆主的膀臂過早了，要將你們的要求，呈送到寶座那裡，並憑著堅固的信心堅持下去。應許原是可靠的。只要相信你們能得著所求的事物，你們就必得著。」隨後又為我指出以利亞，他與我們同是一樣性情的人，但他懇切禱告，他的信心經受了考驗。他七次在主面前禱告，最後看見了雲彩。

我得悉我們曾因懷疑那些確定的應許，並因缺少了信心而使救主傷痛。天使說：「你們務要穿戴軍裝，最要緊的是要拿起信心的盾牌，因這盾牌能保護心靈，就是生命，脫離惡者的火箭。」如果仇敵驅使灰心的人轉眼不仰望耶穌，只看自己，詳述自己的不配，而不注重耶穌的美德、祂的仁愛、祂的功勞和祂偉大的憐憫，他就必把他們信心的盾牌奪去，進而達到他的目的，他們也就要受到火焰般試探的攻擊。故此軟弱的人應當仰望耶穌，並信靠祂，這樣，他們才能運用信心。

第二十二章▪開始出版工作
Chapter 22. Beginning to Publish

　　1848 年 11 月在麻塞諸薩州多切斯特城所舉行的一次聚會中，我蒙指示得悉蓋印信息傳開的景象，以及弟兄們負起將那照在他們腳前的真光廣為傳開的職責。

　　我從異象中醒過來時對丈夫說：「我有信息要傳給你。你必須開始編印一種小型刊物，分送與人。起初的規模雖小，但在人們閱讀之後，他們就必寄錢給你以供印刷之用，而這工作從開始就必成功。我蒙指示，從這微小的刊物開始，拯救的福音必要像一道一道的明光，環繞全世界。」

　　1849 年夏天，當我們在康乃狄克州的時候，我的丈夫深覺時候已到，他必須寫作好印行現代的真理。當他決定這樣行的時候，他便大得鼓勵並蒙受福惠。但隨即他卻陷於懷疑與困惑之中，因為他當時身無分文。其他的人固然有錢，但他們寧願留作己用。所以他終於灰心喪志了，決意出去找一塊田去割草。

　　在他離開家的時候，就有一個心頭上重擔落在我身上，於是我

懷愛倫相片紀實

為真理小冊禱告
1849年

我的丈夫把那一堆寶貴的紙張拿進房子裡來，放在地板上，隨後我們一小群人，就圍著那一堆報刊跪下來，謙心懇求主賜福與這一堆印好的真理小冊。

暈倒了。經人為我禱告之後，我蒙主賜福，見到了異象。我看到一年之前，主曾賜福給我的丈夫，並賜他能力在田裡作工；而且他已經將他所賺來的錢加以適當地運用，因此他在今生必得百倍，如果忠心的話，將來必在上帝的國裡得到豐盛的賞賜，但現在主不會賜他能力在田裡操勞，因為主另有工作叫他去作，所以如果他冒險下田裡去，就必因疾病而倒下，他現在必須寫作，寫作，再寫作，並憑信心向前邁進。於是他立即寫作，每次在他遇到一段難懂的經文時，我們就一同祈禱上帝，求祂幫助我們明白祂話中的旨意。

《現代真理》小冊

7月的某一天，我的丈夫從米德爾敦取來了他所創刊的一千份小報《現代真理》（Present truth）。

在排印的時候，他曾數度徒步走到米德爾敦，來回十六英哩，但這一天，他向貝登弟兄借了一輛馬車，把報刊取回來。

他把那一堆寶貴的紙張拿進房子裡來，放在地板上，隨後我們一小群關心這工作的人，聚在一起圍著那一堆報刊跪下來，謙心懇求主賜福與這一堆印好的真理小冊。

當我們把報刊折疊好了，我的丈夫就把它都包好並寫上他所認為願意閱讀之人的姓名地址，然後他就把它都放到一個人布袋裡，徒步送到米德爾敦的郵局去。

就在 7、8、9 月間，我們一共出版了四期報刊，都是在米德爾敦印的。每一期共八面（每面約寬六寸，長九寸半）。每次在寄發之前，我們總要把報刊在主面前攤開，向上帝懇切流淚禱告，求祂的恩惠伴隨這些無聲的使者。在第一期發刊之後不久，我們接到一些信，其中附有供給我們繼續出版的款項，同時也帶來了許多人接受真理的喜訊。

在開始出版工作之後，我們並沒有停止宣講真理的工作，卻仍至各地旅行，傳揚那給我們帶來亮光與喜樂的要道，勉勵信徒，糾正錯謬，並在教會中建立良好的秩序。為要維持出版的事業，而同時仍得以在各地繼續工作起見，我們所出版的報刊曾數度遷移地址。

訪問緬因州

1849 年 7 月 28 日，我第二個孩子雅各‧愛德生‧懷特（James Edson White）出生。他才滿六星期的時候，我們就到緬因州去了。9 月 14 日我們參赴了巴黎鎮的聚會。貝約瑟、張伯倫、拉弗等弟兄都在場，也有托普縣來的弟兄姊妹。上帝的大能降臨了，如同五

句節的情形一樣。有五、六個曾受狂熱派的迷惑而接受謬道的人仆倒在地。父母向兒女認罪，兒女向父母認罪，同時也互相認罪。安德魯弟兄深受感動地說：「我寧願拿一千個謬見換取一個真理。」我們很少看見過這樣的認罪悔改和懇求上帝饒恕的景象。那一次的聚會乃是巴黎鎮上帝兒女的新紀元，對於他們也彷彿是沙漠中的一片綠洲。那時主正在引領安德魯弟兄，為要預備他為將來的使用，所以這時主要給他一項寶貴的經驗，乃是對於他將來的工作大有裨益的。

憑著信心前進

在托普縣舉行的一次聚會中，有幾位來赴會的弟兄表示希望我們再去訪問紐約州；但我的健康衰退，精神不振。我告訴他們說，主若不加添我力量去作工，我就不敢作此嘗試。他們就為我禱告，結果黑雲消散了，但我還沒有得著我所希望得到的力量。於是我決意憑著信心向前邁進，堅信主的應許：「我的恩典夠你用的。」

在我們前往紐約州的路上，我們的信心受到了考驗，但我們終於得勝了。我的體力增加了，我也能在上帝裡面歡喜。自從我們頭一次訪問這裡以來，已經有許多的人接受了真理，但還有不少他們應做之工，所以我們需要全力投入那擺在我們前面的工作。

在奧斯威戈的工作

在 10 月和 12 月間，我們因旅行而暫時停止了報刊的出版，但是我的丈夫仍然感覺負有寫作和出版的責任。我們在奧斯威戈租了一間房子，向弟兄們借了一些傢俱，就開始主持家務了。在那裡，我的丈夫從事寫作、出版和傳道。

第二十三章 ▪ 訪問弟兄
Chapter 23. Visiting the Brethren

　　1850 年春，當我們住在紐約州奧斯威戈的時候，我們應邀去訪問四十英哩以外的卡姆登城。在動身之前，我蒙指示得見那裡的一小群信徒，其中我見到一個自命虔誠的婦人，但實際上她卻是一位偽善者，欺騙了上帝的百姓。

卡姆登城的聚會

　　安息日上午，有相當多的一群人聚集聚會，但剛好那位偽善的婦人不在場。我問一位姊妹他們全體同道是否都已到齊，她說是的已經到齊了。原來我在異象中所看到的婦人，她的家離聚會的地方有四英哩之遙，所以那位姊妹當時沒有想到她。但過一會兒見她進來了，我立刻認出她就是主向我指明她真正品格的那位婦人。

　　在聚會中，她講了許多話，說她有完全的愛，又享有心靈上的聖潔，是不會受任何考驗或試探，還會享有完全的平安並且順服上帝的旨意。

　　我從會場回到普雷斯登弟兄的家裡，心中非常悲傷。當夜我夢見

一個秘密的貯藏室，其中裝滿了垃圾，敞露在我面前，主有話吩咐我說，我的工作就是要把垃圾清除。我就靠一盞燈的光把垃圾掃除了，便告訴那些和我一起的人，這個房間可以貯藏更有價值的東西。

星期日上午，我們又和弟兄聚會，我丈夫就站起來講十個童女的比喻。他講道時感覺很不自由，便建議我們作禱告，於是我們都跪在主面前，作誠懇的祈禱，那籠罩我們的黑雲消散了，我就見了異象，再度看到有關那個婦人的案子。我看見她正處於完全黑暗之中。耶穌向她和她的丈夫蹙眉蹙額，祂的怒容令我顫抖不已，我看到那位婦人的假冒偽善，竟敢在自己心裡充滿著敗德時還自誇聖潔。

我從異象中醒過來，就戰戰兢兢地，然而也卻是實實在在地講說我所看見的事。那婦人泰然自若地說：「我很高興，因為主知道我的內心。知道我愛祂。如果我的內心能夠敞開給你們看的話，你們就必看出它是純潔的。」

當時有些人的心思頗不安定，他們不知道自己究竟是應該相信主所指示我的事呢？還是讓她表面的言詞否定我所作的見證？

此後不久，那位婦人恐懼的心理懾住了她自己，她感覺非常恐怖，就開始認罪了。她甚至向她四圍不信主的鄰舍挨家認罪，供認說那個與她同居多年的男人並不是她的丈夫，她曾逃離英國，撇下一個很和善的丈夫和一個小孩子。她又承認了許多其他邪惡的行為，她的悔改似乎是真實的，在某幾件事上，她也償還了她用不正當手段所竊取的財物。

由於這段經驗，卡姆登的弟兄姊妹，和他們的鄰居，都確信我所講的話乃是上帝所啟示給我的，而且這一道信息是出於上帝的憐憫和慈愛，為要救他們脫離欺騙和可怕的謬道。

在佛蒙特州

1850 年春季，我們決意訪問佛蒙特和緬因兩州。我把找九個月的小愛德生交託給班斐姊妹撫養，我們則出去執行上帝的旨意。我們辛勤地勞碌，遭受許多的困難，而結果只有少許的成績。我們發現弟兄姊妹們都處於散漫和混亂的狀態中。幾乎每一個人都受了某種異端的影響，而且人人似乎都很熱心堅持自己的主張。我們常在聚會時受到精神上極度的痛苦，因為只有很少的人願意聆聽《聖經》的真理，卻很熱切地接受異端和狂熱的蠱惑。我們後來必須坐馬車旅行四十英哩，到蘇登成去應邀講道。

勝過沮喪

我們到達聚會的地方頭一夜，有股沮喪的情緒壓著我。我想勝過它，但那時似乎無法控制自己的思緒。我的兩個孩子常浮現在我的心頭。第一個孩子已經兩歲零八個月了，留在緬因州，另一個九個月大的嬰孩，卻放在紐約州。我們方才在艱苦中作了一次長途跋涉，我就羨慕那些在安樂的家庭中與兒女共處的人們。我回顧自己的一生，想起一位姊妹前幾天所講的話，說我能一無掛慮地到處遊歷，必是很愉快的，這是她所最羨慕的生活。正在那時，我的內心卻渴念自己的孩子，特別是我那留在紐約州的嬰兒，那時我才從臥房裡出來，我曾在那裡與自己的情緒掙扎，流淚祈求主賜我力量抑制我埋怨的心理，使我可以高興地為耶穌的緣故克己犧牲。在這種情形之下我睡著了，夢見一位身材高碩的天使站在我身邊，問我為什麼憂傷。我把那攪擾我的思緒告訴他，並說：「我所能成就的善工太少了，為什麼我們不能和自己的小孩子在一起享受天倫之樂呢？」天使說：「妳已經獻給主兩朵美麗的鮮花，花的芬芳在祂面前猶如馨香之氣，在祂看來遠比金銀更為寶貴，因為它是甘心奉獻

懷愛倫相片紀實

懷雅各證道
1864年
懷雅各站在「上帝的律法」圖片前解說
十誡的重要性。

禱告之屋
1855年
信徒們第一次聚會的地點：范布倫（Van Buren），它又被稱為「禱告之屋」。

的。它比任何其他的犧牲更足以試驗人的心情。妳不可只看外表，卻要專心盡到本分，專求榮耀上帝，遵循祂為妳所打開的路，這樣妳的前途就必愈顯光明。每一次的克己，每一次的犧牲，都是準確地記錄下來的，也必得到賞賜。」

在加拿大的工作

主很賜福給我們在蘇登所開的會，會後我便到加拿大東部去了。當時我的喉嚨有病，使我不能大聲講話，就是低聲說話也感到痛苦。所以我們一路旅行，一路祈禱，求主賜我們力量，讓我們經得起奔波之苦。

我們就這樣作，直到我們到達墨爾本（此都市與澳洲的墨爾本同名）。在那裡我們本想會遇到反對的聲音，許多自稱相信救主復臨已近的人，抗拒

了上帝的律法，我們感覺需要那從上帝而來的能力，我們求主將自己顯現給我們。我誠懇祈求主讓我喉部的疾病消除，好恢復我的聲音。我當時得到憑據，主的手觸摸了我一下，喉嚨的病立時消退了，我的嗓子也嘹亮了。在聚會期間，主的燈光常照耀著我們，我們就大享自由，於是那裡的上帝兒女都大得堅固和勉勵。

在強生市的聚會

過了不久，我們回到佛蒙特，在強生市開了一次很特殊的會。我們途中曾在白特勒弟兄家裡住了幾天。我們發現他和佛蒙特北部的其他弟兄，曾因謬道和狂熱派的主張而大為困惱，多受折磨，那班人自誇已完全成聖，並披著非常聖潔的外衣，而實際上卻過著一種羞辱基督聖名的生活。

狂熱派兩個領導人在生活和人格方面，很像我們四年前在新罕布夏州克雷蒙所遇到的那班人。他們倡導完全成聖的謬論，說自己不可能犯罪，並且已經準備好被接升天，他們施行催眠術，並說自己在受催眠狀態中可獲得神的啟導。

他們不從事正當的勞動，卻常帶著兩個不是他們妻子的女人遊行各地，到處勉強人招待他們。由於他們的陰險和催眠術的影響，他們已經在那些弟兄們家成年的子女中博得相當的同情。

白特勒弟兄是一位嚴正端莊的人。他對狂熱派荒謬理論的影響已經徹底警覺了，並且積極地反對他們的妄論和狂傲的抱負。他更向我們聲明，他對任何異象都是絕對不相信的。

因此，白特勒弟兄頗為冷淡地同意了，於是他就參加在強生市的羅威喬依弟兄家裡所召開的聚會。那領導狂熱派大大迷惑又壓迫上帝兒女的兩個人也來赴會了，還帶來那兩個女人，她們穿著白色

細麻衣，她們黑色的長髮則散披在肩頭上。那細麻衣是代表聖徒所行的義。

我當時有責備的信息要傳給他們，當我講話的時候，那兩個人中領頭的那位就像其他施用催眠術的人過去所做的一樣，不斷瞪眼注視著我。但我毫不懼怕他那催眠術的勢力，有天上的能力賜給我，使我能勝過他們的魔力。於是，那些曾經被捆綁的上帝兒女，這時已經能自由地呼吸，也能在主裡面歡樂了。

在聚會的過程中，這些狂熱之徒一直想站起來發言，但他們總找不到機會。有人明明告訴他們，他們的出席是不受歡迎的，但他們仍留在那裡。於是撒母耳・羅德弟兄抓住一位女人所坐的椅背，連人帶椅一同拖到房子外面的草地上去。她又回到會場裡來，羅德弟兄以同樣模式把第二個女人也拖出去了。至於那兩個男人，他們出去了一會兒，後來又想進來會場。

在散會禱告的時候，兩人當中的第二位來到門前，想要講話。有人把門關了，他把門推開，想再開口講話。於是上帝的能力降在我丈夫身上，他面色蒼白，站了起來，舉手向那人大聲說：「主不要你在這裡作見證！不要你在這裡攪擾迫害祂的百姓！」

上帝的能力充滿了屋子。那人非常驚恐，向後倒退到另一個房間去。他步履蹣跚地一直後退，撞在牆上，後又站了起來，逃出門外。主的臨格對於狂熱的罪徒是極其痛苦的，卻使會中的群眾得到非常嚴肅的感覺。在那幾個黑暗之子離去之後，一種從主那裡來的恬靜平安落在我們那一群人身上。此後，那幾個自命完全聖潔的虛偽狡猾騙子，再不能在我們弟兄身上展現他們的權勢了。

這次聚會的經驗，使我們贏得了白特勒弟兄的信任和友誼。

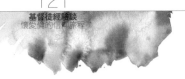
第二十四章 • 再度出版
Chapter 24. Publishing Again

　　我們同愛德生大婦從奧斯威戈到了善德港之後，就住在哈瑞斯弟兄家裡，在那裡出版了一份月刊，叫作《復臨評論》（Advent Review）。

《評論與通訊》

　　1850 年 11 月，這份期刊改在緬因州巴黎鎮出版，它的篇幅增多了，並改用現在的名稱：《復臨評論與安息日通訊》（Advent Review and Sabbath Herald），那時我們在安弟兄家是包膳食。為要維持這份期刊，我們要盡量減低自己的生活費用。那時幫助復臨運動的人不多，況且他們在屬世的財富上是貧窮的，所以我們還必須與貧窮和極其灰心的情緒掙扎。我們操心費力，並且時常在校閱稿樣的工作上一直忙到半夜，甚至到凌晨兩三點鐘。

　　由於過分的勞作、操心和焦慮，再加上缺少合適而有營養的食物，以及在長途旅行時受了涼，使我丈夫再無法支撐下去，他便在這重重壓力之下病倒了。他身體非常虛弱，甚至幾乎不能從家裡走

到印刷所去。我們的信心受到極大的考驗。我們曾經甘心忍受貧窮、辛勞和痛苦，但我們的動機還是被人誤解，並以不信任和嫉妒的態度來對待我們。在我們受苦去幫助的許多人中，只有很少幾個人賞識到我們為他們所作的努力。

我們所受到的攪擾，使我們沒有得到充分睡眠或休息的機會。我們所應當用來作為睡眠以恢復精力的時間，卻往往消耗在答覆許多人因嫉妒而寫來的信件上。當別人睡覺的時候，我們卻在用很長的時間痛哭流淚，在主面前悲哀。最後，我的丈夫說：「妻子啊！我們再掙扎也沒有用了！這些事已把我壓倒了，很快就要把我置於死地。我不能再前進一步了。我已經寫了一個通知準備登在報上，聲明我不再出版了。」當他走出房門，將休刊通知送到印刷所時，我就暈倒了。他回來為我禱告，他的祈禱蒙了應允，我就醒了過來。

次日早晨，在作家庭禮拜時，我見了異象，得到有關這事的指示。我看明我的丈夫不可以放棄這份刊物，因為撒但正在迫使他走這一步，利用他的爪牙來達成這個目的。我蒙指示，我們必須繼續出版，因為主必支持我們。

我們很快就得到了熱切的邀請，要我們在不同的地方舉行會議，於是便決定參加麻塞諸薩州的波士頓、康乃狄克州石山、紐約州的卡姆登，與西米爾頓的聚會。這些都是給我們增加許多工作量的聚會，但對於散居各地的弟兄們卻大有助益。

遷至撒拉托加市

我們在巴斯頓司巴停了幾個星期，直到我們決定在撒拉托加市出版。我們在那裡租了一間房子，寫信請貝登夫婦和班斐姊妹來住；那時班斐姊妹還在緬因州照顧我的小愛德生，我們借了一些傢俱，

就開始主持家務了。在這裡，我丈夫出版了第二期《復臨評論與安息日通訊》。

現在已經在耶穌裡睡了的安妮·史密斯姊妹，那時也來同我們住在一起並協助聖工。我們也真需要她的幫助。我的丈夫在 1852 年 2 月 20 日寫給郝蘭德弟兄的信中，表達了他當時所有的感受說：「除了我以外，我們大家的健康較往常為好。我經不起旅行的辛苦和出版事業的操勞。星期三晚間，我們折疊並包裝第十二期《評論與通訊》，一直工作到早晨兩點鐘，然後我才就寢，可是卻一直咳嗽到天明。請你為我禱告。聖工非常興旺，也許主不再需要我了，並要讓我在墳墓裡休息。我希望能放下這個報刊，我已經在極度的艱難中把它維持下來，現在它既然已經有了很多讀者朋友們，我放下它也是放心的，只要有人肯把它接過來。我希望我能看清楚自己所應走的途徑。願主指引我。」

在紐約州羅徹斯特城

1852 年 4 月間，我們在極度灰心的狀況中遷至紐約州的羅徹斯特。我們每一步路都必須憑著信心前進。我們仍因貧窮而束手，不得不嚴格地節約克己。現在我要從我在 1852 年 4 月 16 日致郝蘭德夫婦的信中摘錄一段如下：

「我們現今正在羅徹斯特地方安家。我們已經租到了一間舊房子，全年租金是一百七十五元。我們已經把印刷機搬到房子裡了。如果我們沒有這間房子的話，我們就必須為辦公室而每年多付五十元的租金。你們若能來看我們並見到我們的傢俱，你們一定會笑的。我們買了兩張舊床，每張僅值二角五分。我丈夫拿來了六張樣子各異的舊椅子，是他用一塊錢買來的，後來他又拿來了四張舊椅，是沒有椅墊的，買來時價錢是六角二分。椅架還相當堅固，我已經用

斜紋布把椅墊修好。奶油太貴，我們不敢買，也買不起洋芋（馬鈴薯）。我們用醬油代替奶油，用蘿蔔代替洋芋。我們頭幾天吃飯，是用一塊遮壁爐的木板放在兩個裝麵粉的空桶上當飯桌。我們願意忍受窮困，只要上帝的聖工能有進展就好。我們相信我們來到此地是由於主的引領。這裡有廣大的工作園地，但工人太少。上安息日我們聚會的情形良好，有主與我們同在，鼓舞了我們。」

向前挺進

在羅徹斯特，我們在許多困惱和挫折之下艱辛度日。有一次這裡霍亂流行，在最嚴重的時候，我們整夜都能聽見裝載死人的車子經過，走向希望山的墳地去。這次瘟疫並非僅僅殃及社會中下階層的人，也侵入了社會各階層中，連醫術最高明的醫生也病倒了，結果也被送到希望山。在我們走過羅徹斯特城的街道時，幾乎每一個街口都可以看到許多粗鬆木板製成的棺材，準備裝載死人。

我們的小愛德生也得了霍亂，我們就將他帶到「大醫師」面前。我把他抱在懷裡，奉耶穌的名斥退那疾病，他立時覺得緩和了，而且當另一位姊妹開始禱告祈求醫治他的時候，這三歲的小孩子竟驚奇地仰起頭來，說：「他們不必再為我禱告了，因為主已經醫治了我。」那時他還很虛弱，只是病勢沒有再繼續發展下去而已。然而他並沒有恢復體力。我們的信心還是受到考驗。他已經三天之久沒有進食。

寫作與旅行

那時我們已經有約定要出外兩個月，從紐約州的羅徹斯特一直到緬因州的班戈，在這次旅行中，我們打算用我們的篷車和佛蒙特州的弟兄們贈給我們的一匹馬「查利」，但我們不敢在小孩子這麼

危險的時刻出發，最後我們決定，只要他的情形不再惡化，我們仍要動身。我們必須在兩天之內啟程，以便達到第一個約定地點。我們將這事求問主，決定如果孩子能吃一點東西，我們就要出發。小愛德生第一天並沒有好轉，他一點東西也沒吃，第二天中午他喝了一點湯，結果身體得到了滋潤。

當天下午我們啟程了，約在四點鐘我用枕頭抱著孩子坐蓬車，馬車行了二十英哩路，那天夜裡他似乎有些神經緊張，他不能入睡，所以我幾乎通夜把他抱在懷裡。

次日早晨我們商議，心想或是回到羅徹斯特，或是仍向前行。那招待我們的人家說，如果我們仍向前行，這孩子一定會死在中途，而且從孩子的身體外表上看來，這是很有可能的。但我不敢回到羅徹斯特去，我們相信孩子的病是出於撒但的作為，要攔阻我們的旅行，所以我們不敢向他屈服。我對丈夫說：「如果我們回去，我想孩子一定會死的。而如果我們前進，他也不過是一死。讓我們信靠主，繼續我們的行程吧！」

我們還有一百英哩的路程，要在兩天之內完成，但我們相信主一定會在這緊要關頭為我們行事。那時我已經疲憊不堪，深恐自己抱著孩子的時候會打瞌睡，以致讓孩子跌落下去，所以我把他放在膝上，又把他綁在我的腰上，這樣，我們兩人那一天大半是在睡覺。孩子在行程中漸漸恢復了精神，等到我們帶他回家的時候，已是相當健康了。

主在我們去佛蒙特州的路上大大賜福我們。我的丈夫操心勞力，在各地聚會中，多半是他主講，他又賣書，並努力推廣報刊。每個會議結束之後，我們就立即趕赴下一個聚會。在中午，我們停在路旁一面餵馬，一面吃飯。飯後，我的丈夫就把他的稿紙放在我們的

飯盒子上或是他的帽子上，為《評論》或《青年導報》寫稿。

1853 年夏季，我們初次訪問密西根州。等到我們回到紐約州羅徹斯特之後不久，我的丈夫便開始寫《時兆》（Signs of the Times）文稿。那時他還很虛弱，時常失眠，但有主扶持著他。每當他的思緒紊亂，感到痛苦時，我們便跪在上帝面前，在苦難中向祂呼求。祂垂聽了我們懇切的祈禱，並時常賜恩給我的丈夫，使他能重新振起精神，繼續工作。我們每日數次這樣到主面前誠懇祈禱。那一本書絕不是單憑他自己的能力可寫出來的。

訪問密西根和威斯康辛州

1854 年春季，我們又訪問了密西根州。那時我們雖然必須行過許多圓木鋪成的道路和泥濘的地方，但我的體力還能勉強支撐得住，我們感覺主要我們去訪問威斯康辛州，我們便在傑克生城買好火車票，準備夜晚動身。

當我們預備上車時，我們感覺到心情非常沉重，於是我建議一起禱告，當我們三人把自己交給上帝時，我們情不自禁地流淚痛哭了。我們一路走到車站，心中感覺極為異常。既登上了火車，便走到了前面一節車廂去，因為那一節車廂的座位有高的靠背，我們希望夜裡可以靠著睡覺。但車廂已經坐滿，我們便退到後一節車廂裡，在那裡找到了座位。我沒有像過去夜裡旅行一樣，脫下帽子，卻把我的貯物袋緊緊拿在手裡，好像在等待什麼似的。我們夫婦兩人都談起自己特殊的感覺。

火車離傑克生站不出三英哩，便突然跳動起來，前後猛撞，最後竟停了下來。我把窗門打開，看見一節車廂幾乎是垂直地豎了起來。我聽到痛苦的喊叫聲，到處都是混亂的現象。火車已經越出軌

道，但我們所乘的車廂還在軌道上，距離前面的車廂約有一百英尺。車廂的掛鉤並沒有壞，但我們的車廂已經同前面的車廂脫了節，好像是有天使把它們分開來一樣。行李車也沒有受重大的損毀，所以我們的書也安全無恙。二等車廂已經被擠壞了，其破壞的碎木和乘客都散佈在鐵道兩旁。我們先前所想找位子的那個車廂也受到嚴重的破壞，其一端竟高高地支在空中，有四人死亡或受了致命傷，另外有許多人受了重傷。我們不能不感謝上帝派了一位天使來保護了我們的性命。

我們回到傑克生城附近史密斯弟兄的家裡，第二天再乘車到威斯康辛州。我們訪問那一州的經驗頗蒙上帝賜福。主加添我力量，使我能勝任這次艱苦的旅程。

回到羅徹斯特

我們從威斯康辛歸來時疲憊不堪，渴望休息，但因看到安娜姊妹患病而不能安心。她患了嚴重的疾病，以致體力衰弱。種種考驗在我們的四圍增多了，我們操心的事又甚繁重。報館的同工都在我家裡吃飯，所以我們的大家庭竟有十五至二十人之多。數次的大會和安息日的聚會也在我們家裡舉行，我們不能享受一次安靜的安息日，因為有一些姊妹常帶著孩子停留一整天。一般說來，我們的弟兄姊妹，都沒有體會到這些事所加添給我們的麻煩，以及精神與經濟上多餘的負擔。當報館的同工一個又一個病倒而需要人伺候時，我就深怕我們在這一切焦慮和操勞之下無法支撐下去了。我常想：我再不能忍受了，並且考驗也不斷增加，但我很希奇我們沒有被壓倒。我們學得了一個教訓，就是我們所能承受的痛苦和磨煉，遠比我們所想像的為多，但有主警醒著的眼睛垂顧我們，不讓我們被消磨淨盡。

懷愛倫相片紀實

懷愛倫的三個兒子
1862年

左起長子亨利（14 歲）、次子愛德生（12 歲）、三子威廉（7 歲）

1854 年 8 月 29 日，我們第三個兒子威廉・赫伯特・懷特（William Clarence White）出生了，給我們的家庭增添了一個負擔，但他多少也幫助我減少因周遭的患難而操心。大約在這個時候，我們接到了頭一期偽稱《真理使者》（Messenger of Truth）的報刊，（註：出版這個期刊的人曾被懷師母率直的見證所觸怒，並在道理和教會行政方面與《評論與通訊》的主要作者對立，故用這個模式反對並毀謗他們，誇耀說自己的工作將要超過並替代《評論與通訊》的工作。但過了兩年，這一派人自相起紛爭，他們的期刊也因缺少經費而停刊了。）那些利用這個報刊來毀謗我們的人，曾經因他們的錯誤和謬見而受到責備。他們不肯領受責備，所以起先用暗中的手段，後來便公開地反對我們了。

主早已向我指明這一派人的人格和結局，祂極不喜悅那些出版這報刊的人，所以決定出手干預，雖然他們似乎得勢一時，也迷惑一些心地誠實的人，但真理終必得勝，而且每一個誠實的人必要掙脫這個迷惑他們的魔力，不再受這些惡人的影響，上帝既然與他們為敵，他們就必失敗。

第二十五章 ▪ 遷到密西根
Chapter 25. Removal to Michigan

1855 年，密西根的同道想出了辦法，使出版工作可以遷到密西根州的巴特溪（Battle Creek，又稱戰溪）。那時我的丈夫負債兩千多元，他除了手中一點存書之外，只有一些應收賬款，其中有一些還是不容易收回來的。聖工似乎停頓下來了，外面寄來購買書報的訂單寥寥無幾，數額又小。我丈夫的身體病弱不堪，他承受著咳嗽和肺部疼痛的困擾，神經也非常衰弱，我們恐怕他將要負著重債而去世了。

安慰的應許

那時真是悲慘的日子！我看著三個我所擔心或許將要變成孤兒的孩子，就有了以下的思緒襲上心頭：我的丈夫將要在現代真理的事業上因操勞過度而逝世，但誰能體念到他所忍受的一切呢？誰曉得他多年所肩負的重擔，以及那壓傷他心靈，破壞他健康，使他折於盛年，以致令家屬淪為無依無靠且極度操勞的人呢？我時常自問：「難道上帝不理會這些事嗎？難道祂一點也沒注意到嗎？」結果我得了安慰，因為確知有一位憑公義審判的主，每一次的犧牲，每一次的克己，以及我們為祂所忍受的每一痛苦，都必據實地記錄在天，而終必得到賞

懷愛倫相片紀實

遷移
1856-1863年

懷愛倫遷到密西根州的住家

賜，主的大日將要暴露並宣佈許多目前還沒有顯明的事。

我蒙指示，得悉上帝定意使我的丈夫漸漸復原，故此我們必須運用堅強的信心，因為在每一次的努力中，我們將要被撒但狠狠地攻擊，所以我們不可光看表面的現象，卻要有信心。我們一天三次獨自到上帝面前，為他的健康復原而懇切禱告。主開恩垂聽了我們懇切的呼求，我丈夫開始好轉了。從我所寫給郝蘭德姊妹的信中所抄錄的下列幾段話，最能充分表達了我當時的心情：

「我感謝上帝，現在我能和自己的孩子在一起，親自照料他們了。（註：1853年，懷雅各夫婦從美國東部旅行佈道回到羅徹斯特時，他們把大兒子亨利也一起帶回來了。他曾受郝蘭德夫婦教養達五年之久。）幾個星期以來，我常如飢似渴地羨慕救恩，我們幾乎是不間斷地得享與上帝交往。在我們能來到泉源之前暢飲的時候，我們為什麼不來呢？在倉房裝滿食物的時候，我們為什麼要餓死呢？這是豐富而白白賜予的。我的心哪！務要充分享受每日暢飲天國的喜樂！我絕不緘默，

讚美上帝的聲音必充滿我的心和我的口。我們盡可因救主豐滿的慈愛而歡樂，我們盡可充分領受超卓的榮耀。我的心靈要為這事作見證，我的幽暗已經被寶貴的明光驅散了，我永遠不會忘記這事。主啊！求你幫助我將這一切栩栩如生的事蹟存記在心。我心靈中一切的精力啊！要興起！興起！要因你救贖主奇妙的慈愛而敬慕祂！」

「我們的敵人或許要誇勝，他們或許要說苦毒的話，他們或許要口吐誹謗、詭詐和虛謊：但我們絕不動搖。我們知道我們所信的是誰。我們沒有空跑，也沒有徒勞。結帳的日子將要來到，那時人人都要『按著本身所行的……受報。』世界固然黑暗，反對的事可能愈演愈烈，忽略和藐視救恩的人可能在他們的罪中膽大妄為。然而為這一切，我們絕不動搖，卻要依靠全能者的膀臂而重新得力。」

從苦境轉回

自從我們遷到巴特溪以來，主就開始使我們從苦境轉回。我們在密西根遇到一些同情我們的朋友，他們都樂意分擔我們的重擔並供給我們的需要。紐約州中部和新英格蘭州，特別是佛蒙特州的一些老朋友，很同情我們的苦難，並準備在患難中隨時幫助我們。在1856年11月巴特溪的會議中，上帝為我們行了奇事。有新的生命注入了聖工，我們傳道人的工作也有了很好的成效。

我們所出版的書刊開始有了銷路，結果證明那正是聖工所需的。那偽稱為《真理使者》的期刊不久就消沉了，而那些藉著這刊物進行宣傳的搗亂分子也分散了。我的丈夫終於償清了他的債務，他的咳嗽停止了，肺部和喉部也不再疼痛了，他漸漸恢復了健康，以致在安息日和星期天都能很容易地講道三次。這個復原的奇蹟乃是出於上帝，所以一切榮耀都當歸給祂。

第二十六章 ▪ 兩條路
Chapter 26. The Two Ways

1856 年 5 月 27 日在密西根州巴特溪的會議中，我在異象中蒙指示得悉一些有關教會一般情況的事。上帝的榮耀和威嚴從我面前經過。天使說：「祂在威嚴中極其可畏，而你們竟不體會，祂的忿怒非常可怖，而你們竟天天冒犯祂。你們務要努力進窄門，因為引到滅亡，那門是寬的，路是大的，進去的人也多，引到永生，那門是窄的，路是小的，找著的人也少。」這兩條路是分開的，不同的，引向極端相反的方向，一條引向永生，一條引向永死。我看出這兩條路的區別，也看出行在其上之兩等人的區別。這兩條路是相反的，一條是寬大平坦的，一條是狹窄崎嶇的。照樣，行在這兩條路上的人，無論是在品格、生活、服裝和言語上也是相反的。

那些奔走窄路的人，常談論他們在路的終點所要得著的喜樂與福祉。他們的臉上雖是悲愁的，但也時常煥發著聖潔的喜樂。他們所穿的衣服不像那些行在寬路的人，言語行為也與他們不同。有一個模範已經給予他們，那位「常經憂患」的「人子」已經為他們開闢了那條路，並曾親自行在其上。凡跟從祂的人看見祂的腳蹤，便

能得到安慰與快樂，祂曾安全地行過，只要他們跟從祂的腳蹤，他們也必如此。

在寬路上，人人都只專心注意自己、自己的衣服和沿途的娛樂。他們隨意盡情歡樂，而不考慮到自己行徑的終局，和那在路的盡頭等待著他們的必然滅亡。他們每天向著滅亡愈走愈近，但他們依然瘋狂地加速奔走。唉！這種景象在我看來是多麼可怕啊！

我看到許多奔走寬路的人，身上寫著以下的字樣：「對世界我是死了的。萬物的結局近了。你們也要預備。」他們看起來和周遭虛妄的人都是一樣的，不過我注意到他們臉上略有悲愁的表情，他們的話語和周遭那些放蕩輕浮的人一樣，但他們偶爾還要自滿地指著自己衣服上的字，並勸別人也把這些字寫在衣服上。他們行走的是寬路，但他們卻說自己是屬於那些行走窄路的人，於是他們周遭的人便說：「你我之間沒有什麼區別。我們是一樣的，我們的衣著、言語和行為都是一樣的。」

於是我蒙指示，回顧 1843 與 1844 年間，那時人們確有獻身的精神，且是今日所沒有的。那些自稱為上帝特選子民的人，何竟改變了呢？我看到他們如何效法世俗，不願為真理受苦，我看到他們如何缺乏順服上帝旨意的心。我蒙指示，看到離開埃及之後的以色列民，上帝曾憑憐憫把他們從埃及人中呼召出來，使他們可以毫無阻礙無拘無束地敬拜，沿途為他們施行神蹟奇事，把他們帶到危難之中，藉以試驗並證實。在上帝如此奇妙地對待，以及多次拯救之後，他們卻在祂試驗他們的時候向祂發怨言。他們說：「巴不得我們早死在埃及地耶和華的手下。」他們貪愛埃及地的韭菜和蔥蒜等美味。

我看到許多自稱相信末日真理的人，認為以色列民在曠野旅行

懷愛倫相片紀實

懷愛倫的家庭合影
1864年

懷愛倫拍攝此照片時，做了一個關於健康改革的異象（左起懷愛倫、三子威廉、懷雅各、次子愛德生）

時發怨言，又在上帝如此恩待他們之後竟忘恩負義，真是一件奇怪的事。天使說：「你們所作的比他們更惡劣。」我看到上帝所賜給僕人的真理是如此地清楚，如此地明白，是無法抗拒的。他們無論轉向何方，必定勝利。他們的敵人無法規避這千真萬確的事實。亮光已經清楚地照耀出來，上帝的僕人能隨時隨地站起來，讓這清楚而有系統的真理獲致勝利，但這偉大的恩惠並沒有受到重視，甚至還沒有被體會。每遇考驗來到，有些人就會向後看，並以為自己是遭遇了困難。有一些自命為上帝僕人的人，根本不知道什麼叫作火煉的試驗。他們有時還要為

自己製造困難，幻想考驗，加上輕易灰心，輕易傷感，自尊心太敏感，以致他們時常損害自己，損害別人，也損害聖工。撒但要誇大他們的考驗，並灌輸一些思想在其腦海中，如果他們依從這些思想，就必破壞他們的影響和效能。

有的人受了引誘，想放棄聖工，去從事體力勞動。我看到如果上帝真的從他們身上收回保護的手，將其棄於疾病與死亡之中，那時他們就能體會什麼叫作真的患難了。埋怨上帝是極其可怕的事。他們沒有想到自己所走的路竟然是崎嶇難行，與先前克己犧牲，將自己釘在十字架上所走的路，互相比較之下，真是有天壤之別。所以他們也切不要期望凡事都能很順利，如同行在寬路上一樣。

我見到有一些上帝的僕人，連作牧師的也在內，太容易灰心，太容易因被人觸犯而忿怒，甚至在沒有人得罪或傷害他們的時候，他們就認為自己被人得罪受到傷害了，他們認為自己命苦。這樣的人真沒有想到，如果上帝扶持的手真的從他們身上收回，使他們面臨心靈的苦難，那該是怎樣的滋味，那時他們就必發現自己的命比先前要苦十倍，因為他們先前參加上帝聖工時，雖然遭遇考驗和窮困，但總能得蒙主的嘉納。

有一些參加上帝聖工的人，在自己境遇順利的時候還不自覺呢！他們從來沒有吃過多少苦，也不明白缺衣乏食或辛苦的勞碌和心靈上的重負，所以在他們境遇順利，上帝的恩惠豐富地賜給他們，並且在精神上沒有遭受痛苦時，他們卻不在意上帝的恩惠，反以為自己的考驗非常沉重。我看到這樣的人如果不表現犧牲的精神，又不肯欣然從事聖工，只專顧自己，那麼上帝就必丟棄他們。祂必不承認他們為祂自我犧牲的僕人，卻要興起一班樂意操勞，不貪懶，能誠懇地作工，也知道自己何時是順境、何時是逆境的人。上帝的僕

人必須常為救人而操心，並在廳廊和祭壇中間哭泣說：「耶和華啊！求你顧惜你的百姓。」

有一些作上帝僕人的人，已經奉獻一生為聖工盡心竭力，直到他們的身體衰殘，他們因心智的勞碌，不斷地辛苦操心和貧窮而折磨殆盡了。其他的人卻沒有擔負過，也不肯擔負這種責任，然而，這樣的人倒以為自己的境遇最困難，因為他們還沒有經驗過困難，也從來沒有受過苦難的洗禮，而且只要一直表現如此懦弱而缺少志氣，並貪圖安逸的話，他們就永遠不會受到苦難的洗禮。

從上帝指示我的事上，看出教牧人員當中需要進行一番鞭打的工作，使那些懶惰，因循苟且，只顧自己的人，被鞭打篩選出去，而留下一班純潔忠實，能犧牲自己，不考慮本身安逸，能忠心勞苦傳道教導人的僕人。他們願意為基督的緣故，並為拯救所替死的人而忍受一切痛苦。只要這些僕人能感覺自己若不傳福音就有禍了，這就夠了！可惜並不是人人都有這種感覺。

第二十七章 ‧ 兩頂冠冕
Chapter 27. The Two Crowns

1861 年 10 月 25 日，我在密西根州巴特溪所見的異象中，看到了這個黑暗幽昧的世界。天使說：「要仔細觀看！」於是我看到地上的人群中，有一些人被上帝的天使所環繞，其他的人則籠罩在完全黑暗中，被惡使者所包圍。我看到一隻手從天上伸下來，拿著一根金權杖（Scepter）。權杖上有一頂冠冕，鑲滿了鑽石。每一顆鑽石都綻放出清晰美麗的光彩。冠冕上寫著以下一句話：「凡贏得此冠者必享福祉，必受永生。」

冠冕下面另有一根權杖，其上也有一頂冠冕，冠冕中間有寶石和金銀，並也微露一點光彩。冠冕上的題詞是：「屬世的財寶。財富就是力量。凡得此冠者必有尊榮和名望。」我看見一大群人擁向前去爭奪這頂冠冕，他們吵鬧喧譁，有一些人熱衷得像是瘋狂了，他們互相排擠，把那些較為軟弱的人擠到後面，同時又踐踏那些因匆忙而跌倒的人。許多人很殷切地抓住冠冕裡面的財寶，並緊緊地持守著。有些人已經鬢髮蒼白，並因苦心焦慮而致滿臉皺紋。他們一點不顧惜自己的骨肉之親，卻在他們呼求援助時，緊緊握著自己

的財富，唯恐一時疏忽而損失分毫，或者必須分給親屬。他們熱切的眼睛一直盯著那頂屬世的冠冕，反覆數點其中的財寶。

群眾當中出現了貧窮和情況悲慘的人，他們眼巴巴地望著那裡的財寶，但因強壯的人既將軟弱的排擠在後，這些人就絕望地離去了。但他們還不甘願放棄這個目標，便和一大群殘廢、病弱和衰老的人，竭力向那屬世的冠冕推進。有一些人正在追求要得到它的時候就死了，有許多人正在抓到它的時候就倒下去了，遍地都是屍體，但群眾依然瘋狂地向前猛撲，把那些跌倒和死亡的同伴踐踏在腳下。凡是觸及冠冕的人都能享受一份，並為周遭興致勃勃的一群觀眾所高聲讚揚。

有一大群惡使者在那裡忙碌工作，撒但也在他們中間。他們看著那一群努力追求冠冕的人，就躊躇滿志，撒但似乎在那些追求的人身上操有非常大的蠱惑力。

許多追求屬世冠冕的人自稱為基督徒。其中有一些人似乎得到了一點亮光，他們偶爾舉目瞻望那屬天的冠冕，表示羨慕，並時常被它的榮美所感動，但他們並未真正認識它的價值和榮耀。他們一面無精打采地伸一隻手去握住那屬天的冠冕，同時卻很殷切地用另一隻手去追求那屬世的冠冕，並且決心要得到它，於是在他們狂熱地爭取屬世的冠冕時，就看不到那屬天的冠冕了。他們被遺留在黑暗之中，但依然想在暗中摸索，要得到那屬世的冠冕。

另有一些人對那熱衷於追求屬世冠冕的人群感到厭倦了，他們似乎可以感受到自己的危險，便轉離了它，而認真地去追求那屬天的冠冕。這一等人的臉很快就從黑暗變為光明，從憂鬱變為愉快和聖潔的喜樂了。

基督徒經驗談
續麥倫的信仰旅程

兩頂冠冕

那爭相追求屬世冠冕的人，就是貪愛世俗財寶之人，他們所求的轉眼成空；而追求屬天冠冕的人，必有天使為他們領路，享受永恆福祉。

後來，我看到有一班人從群眾中擠出來，他們的眼睛一直望著那屬天的冠冕。當他們殷切地從那雜亂的人群中擠出來時，就有天使的陪伴，並為他們開路。當他們接近那屬天的冠冕時，那冠冕所發出的光芒就照耀在其身上和周遭，驅散了他們的幽暗，並愈照愈明，直到他們改變了形體，像天使一樣，他們一點也不羨慕那屬世的冠冕。那些追求屬世冠冕的人譏誚他們，並向其投擲黑球。當他們的眼睛一直望著那屬天的冠冕時，這些黑球反而無法危害，但凡是注意這些黑球的卻都被玷污了。以下的一段經文出現在我面前：

「不要為自己積攢財寶在地上；地上有蟲子咬，能鏽壞，也有賊挖窟窿來偷。只要積攢財寶在天上；

天上沒有蟲子咬，不能鏽壞，也沒有賊挖窟窿來偷。因為你的財寶在那裡，你的心也在那裡。眼睛就是身上的燈。你的眼睛若瞭亮，全身就光明；你的眼睛若昏花，全身就黑暗。你裡頭的光若黑暗了，那黑暗是何等大呢！一個人不能事奉兩個主；不是惡這個、愛那個，就是重這個、輕那個。你們不能又事奉上帝，又事奉瑪門。」（馬太福音 6：19-24）

後來我對所見的事，得著如下的解釋：那熱切追求屬世冠冕的人群，就是那些貪愛世俗財寶，並且迷戀於屬世的短暫美景的人。我看見有一些自稱跟隨基督的人，極願得到屬世的財富，甚至使他們喪失了愛天國的心，並效法世人的作風，所以上帝也就把他們算作是屬於這個世界的了。他們自稱是尋求永生的冠冕——就是天上的財寶，但他們的興趣和主要的心機，乃是要獲得屬世的財富。那些把財寶存放在世上並愛慕金錢的人，不能愛耶穌，他們或許還要以為自己沒有作錯。然而，他們以守財奴的手緊握著自己的財富，卻仍不能看出並覺察自己愛錢財過於真理的事業或屬天的財寶。

「你裡頭的光若黑暗了，那黑暗是何等大呢！」在這一等人的經驗中，他們曾一度沒有珍視所賜予的亮光，所以這光就變成黑暗了。天使說：「你們不能愛慕地上的財寶，同時還想擁有那真實的財富。」

在《聖經》中，當那青年人來到耶穌面前向祂說：「良善的夫子，我該作什麼善事，才能得永生？」耶穌便給他一個選擇的機會：捨棄自己的財富而獲得永生，或保守這些財富而喪失永生。結果他看自己的財富，比天上的財寶更可貴！他必須放棄自己的財富，把它分給窮人，以便作基督的門徒並承受永生——但這個條件使他心灰意冷，於是他就憂憂愁愁地走了。

我蒙指示得知那些喧噪著要得到屬世冠冕的人，乃是一班不擇手段去獲取財利的人。他們在這事上成為瘋狂了，一切的心血和精力都集中於獲取屬世的財富，他們侵犯別人的權利，欺壓窮人，剝削僱工的工資。當他們趁別人在財力或精明方面不如他們，而藉此增加自己的財富時，就必毫不考慮地欺壓他們，甚至眼看著他們淪落到乞討的地步。

那些鬚鬚蒼白，滿臉皺紋，而依然熱切地要抓到冠冕中之財富的人，乃是一班行將就木的老年人，然而他們還是殷切地要獲得屬世的財富。他們離墳墓愈近，反而愈急切地守住這一切。

他們自己的親屬都得不到濟助，他們為要積攢一點錢財，竟讓自己家裡的人過分勞碌。他們不肯用這錢財為人或為自己造福，他們只知道自己擁有這些錢使心滿意足了。當指明他們有責任解救窮人的需要，並維持上帝的聖工時，他們就滿懷憂愁。他們很樂意接受永生的恩賜，卻不願付出任何代價。條件對他們而言太難了！可是亞伯拉罕連自己獨生的兒子都沒有保留，他為要順從上帝，竟甘願犧牲這個應許之子，比許多人犧牲屬世的財產更願意且更容易。

我看到那些本應預備承受榮耀，並每日為永生作了準備的人，卻竭盡全力保守屬世的財富，就深覺痛心。我看明這一等人不重視屬天財富的價值，他們迷戀屬世財物之心，使他們在行為上就表現出不珍重天上的基業，為之作任何的犧牲。

那個「少年人」表示願意遵守誡命，但我們的主卻告訴他還缺少一件。他固然渴慕永生，但他更貪愛自己的財物。許多人是自己欺騙自己的，他們並沒有尋找真理如同尋找埋藏的財寶一般。他們並沒有在最有益的事上運用他們的才能，他們的心意原可受天上亮

光的啟迪，而竟時常困惑不安。「世上的思慮，錢財的迷惑，把道擠住了，不能結實。」天使說：「這樣的人是無可推諉的。」我看到真光漸漸在他們身上暗淡了。他們不願明白那嚴肅而重要的現代真理，並且以為不明白這些真理也就罷了，於是他們的光熄滅了，他們就在黑暗裡摸索。

那一群殘廢、病弱，卻依然追求屬世冠冕的人，乃是那些將興趣和財物都集中在這個世界的人。他們雖然左右碰壁，但仍不肯把感情集中在天國，並在天國為自己積攢財寶，安置家庭。他們得不著屬世的財寶，而在追求屬世財寶中喪失了天上的財寶。那些專心追求屬世財富的人雖然失望，精神痛苦，最後可悲地死了，但別人依然要步他們的後塵，他們瘋狂地向前追趕，罔顧他們所效法之人的悲慘結局。

那些得到屬世冠冕並與之有分，以及受人讚揚的人，乃是達到他們一生唯一的目的——財富，他們得到了世人所給予富人的尊榮。他們在世界上具有勢力，撒但和他的惡使者頗感滿意，他們知道這等人確屬於他們的了，而且在他們過著叛逆上帝的生活時，他們成為撒但有力的工具。

那些厭棄那一群爭奪屬世冠冕者的人，乃是那些注意到一切追求屬世財富者之下場的人。他們看出這一等人是永遠不會知足的，沒有真正的快樂，因此他們就警覺起來，離開那班不快樂的人，去尋找那真實的永久財富。

我蒙指示，得知那些從人群中擠出來要得到屬天冠冕，並有聖天使陪伴著的人，乃是上帝忠心的子民。有天使引導他們前進，而且他們是受著熱誠的鼓舞，要擠到前面去得那屬天的財寶。

那些丟在聖徒身上的黑球，乃是喜愛說謊的人用來誣蔑上帝子民的許多讕言。我們應該謹慎自守，使自己的生活毫無瑕疵，並避免一切足以被人疑為惡事的行為，既作到這一點，我們的本分就是勇往直前，罔顧惡人虛謊的譭謗。當義人的眼睛注視著天上無價的財寶時，他們就必愈來愈像基督，這樣他們就必變化，配得升天。

基督徒經驗談·
懷愛倫的信仰旅程

第二十八章 ▪ 現代通靈術
Chapter 28. Modern Spiritualism

1850 年 8 月 24 日，我蒙指示得悉那「神祕的敲拍聲」乃是出於撒但的魔力（註：1848 年，在紐約州海德斯鎮克斯福先生家裡每晚聽見敲拍的聲音，只是不見有人。結果，福克斯的兩個女兒藉此與鬼魂交通，現代通靈術從此迅速發展到全世界了。）有一些現象是直接從撒但來的，有一些是透過他的爪牙工具間接來的，但這都是撒但造成的。這乃是他用不同的方法作成的，可是教會中和世界上有許多人完全籠罩在幽暗之中，甚至他們以為並且宣傳這是上帝的能力。天使說：「百姓不當求問自己的上帝嗎？豈可為活人求問死人呢？」（以賽亞書 8：19-20）活人怎能向死人求知識呢？死了的人毫無所知！難道你們要在死人當中去尋找永活的上帝嗎？他們這些人已經離開了永生的上帝，去與那些毫無所知的死人交談。

我蒙指示在不久的將來，人們要以評論這敲敲拍拍的事為褻瀆的罪，並且這種現象將要愈益蔓延開來，而撒但的能力也將要增強，同時他的一些忠實徒眾將有能力施行奇事，甚至在人面前叫火從天上降下來。我蒙指示，看明這些現代的術士將要利用敲敲拍拍和催

眠術解釋我們主耶穌所行過的一切神蹟，而且許多人要相信，上帝的兒子在地上的時候一切大能的作為，都是靠著這同一的能力行出來的。我蒙指示，回顧摩西的時代，並看到上帝在法老面前藉摩西所行的神蹟奇事，其中大多數是當時埃及的術士所能仿效的，並且在聖徒最後蒙拯救的前夕，上帝必要為祂子民施行大能的奇事，並且讓這些現代的術士仿效上帝的作為。

那個時候快要來到，我們必須緊緊地握住耶和華大能的膀臂，因為魔鬼所行的一切神蹟和大能的奇事，乃是要迷惑上帝的百姓好擄獲他們。我們必須堅心倚賴上帝，不怕惡人所怕的，也不可敬畏他們所敬畏的，卻要為真理奮勇壯膽。如果我們的眼睛能夠睜開的話，就必看見許多惡使者在我們的周遭，想發明新的方法來攪擾毀滅我們。我們也必看見上帝的使者極力保護我們脫離他們的權勢，因為

懷愛倫相片紀實

自稱能通靈的三姊妹
1814-1892年

福克斯三姊妹：瑪格麗特（左）、凱特（中）、莉亞（右）

上帝眷顧人的眼睛常俯視著以色列，使他們得好處，祂必保護並拯救祂的子民，只要他們肯倚賴祂。每當仇敵好像急流的河水沖來時，耶和華的靈必將他驅離。

天使說：「務要記得，你常處於撒但的境內。」我看明我們必須警醒，並要穿戴好全副軍裝，拿起信心的盾牌，才能站立得住，如此一來那惡者一切的火箭是無法傷害我們的。

註：懷愛倫得到這個指示的時候，現代的通靈術方才開始，而且規模很小，那時作靈媒的人寥寥無幾。從那時以來，通靈術已經發展到全世界，信的人數以百萬計。一般說來，通靈術的信從者是否定《聖經》的，並譏誚基督教。雖然或有人為此哀嘆，甚至力加反對他們，無奈為數甚少，無人理會。近來，他們卻改變了方針，甚且自命為「基督化的通靈者」。他們聲稱人們不可以忽視宗教，並斷言他們所倡導的乃是真的基督教，現在已經有許多基督教的著名教牧人員同情施行通靈術的人，從此我們就不難看出她在 1850 年所發的預言將要完全應驗。

第二十九章 ▪ 撒但的羅網
Chapter 29. Snares of Satan

　　我看見撒但吩咐他的使者要特別為那些等候基督復臨，並遵守上帝誡命的人佈置羅網。撒但告訴他的使者：眾教會都已昏睡了。他要加強自己的能力和虛偽的奇事，把他們保持在自己權下。可是，他說道：「我們所憎恨的那一派守安息日的人，他們一直在與我們為敵，從我們手中奪去我們的臣民，教他們遵守我們所憎惡的上帝的律法。去吧！去使那些擁有地產和錢財的人，因今生的思慮而陶醉。如果你們能使他們迷戀於這些東西，我們終必得著他們。讓他們隨便說自己信仰什麼都好，只要叫貪愛錢財過於追求基督國度的成功，或是推展我們所憎恨的真理就得了。務要以最動人的方式將世界擺在他們面前，叫他們貪愛並崇拜世界。」

　　他繼續說道：「我們必須把我們所能控制的一切財力，保留在我們的陣營中。基督的門徒所獻給聖工的錢財愈多，他們就愈能奪取我們的臣民，損害我們的國度。當他們在各地召集聚會時，我們就有危險了。那時要特別警惕，要盡可能地引起騷擾和混亂，要破壞彼此相愛的心，要使他們的傳道人灰心喪志，因為我們仇恨他們。

要儘量向那些有錢財的人提出各種似是而非的藉口，免得他們將錢財獻上。如果可以的話，你們要控制教會的經濟，把他們的傳道人逼到窮困艱難的地步，這樣就必挫折他們的勇氣和熱忱。務要寸土必爭，得寸進尺。要使貪婪和愛慕屬世財寶的心得勝。只要這樣，上帝的救贖和恩典就必退敗。」

「要以各樣吸引人的事物包圍他們，他們就一定要成為我們的俘虜了。我們非但一定能得著他們，而且他們再也不能發揮那可憎的感化力，去引領別人進入天國了，每當有人想要捐獻的時候，要使他們吝嗇為懷，盡量少捐。」

我看到撒但很能貫徹他的計畫。當上帝的僕人們召集聚會時，撒但和他的使者總要在場阻擾聖工，他經常將一些思想灌輸到上帝子民的心中，他藉著各種方法，誘人走入歧途，往往利用弟兄姊妹個別的癖性，刺激並惹動他們本性的劣點。如果他們傾向自私和貪心，撒但就要站在他們身邊，盡力使他們放縱自己最容易犯的罪。上帝的恩典和真理的亮光，可能一時融化他們貪財和自私的心情，但如果他們不獲得完全勝利，撒但就要趁他們不在救恩影響之下的時候，前來摧毀他們心中每個高貴寬大的動機，他們就要以為所要求於他們的是太多了。他們在行善的事上喪志了，並且忘記耶穌為要救贖他們脫離撒但的能力和絕望的痛苦所付出的偉大犧牲。

撒但曾利用猶大貪財和自私的本性，使他在馬利亞將貴重的香膏倒在耶穌身上時說閒話。猶大認為這是天大的浪費，並說這香膏原可變賣，賙濟窮人。其實他不是顧惜窮人，而是認為那獻給耶穌的禮物太奢侈了。原來猶大對於他所事奉的主向來沒有很高的評價，竟為了僅僅三十塊錢就把主給出賣了。我發覺在那些自稱等候他們主復臨的人之中，有一些像猶大的人，撒但已經控制了他們，但他

們卻懵然無知。

上帝不能嘉納些微的貪心或自私，所以憎厭一切放縱這種邪情惡欲之人的禱告和勉言。撒但既看到自己的時候不多，就要引誘人愈來愈自私，愈來愈貪心，等到他們完全以自我為中心，心裡只存吝嗇、刻薄、自私時，他就歡喜雀躍了。如果這一等人的眼睛能睜開的話，他們就必看見撒但因凶惡的勝利而狂歡，並嘲笑那些接受誘惑而陷入他羅網之人的愚妄。

撒但和他的使者注意這等人的一切卑鄙自私的行為，並把他們指給耶穌和聖天使看，責怪他們說：「這些是跟從基督的人！他們還準備被接升天呢！」撒但把他們的行為和一些坦白指責這行為的經文相對照，便嘲笑眾天使說：「這些是跟從基督和祂訓言的人！這些人是基督犧牲和救恩的果子！」於是，眾天使厭煩地轉臉不願再觀看。

上帝要祂的子民不住地行善，他們何時在行善的事上表示厭倦，上帝就要厭棄他們了。我看出祂對那些自稱為上帝子民的人所行的自私表現是非常不悅的，因為耶穌為要拯救他們，可以不顧惜自己寶貴的性命。每一個自私自利，貪愛錢財的人，必致半途而廢。他們正像那出賣自己救主的猶大，竟願將善良的原則和高貴、慷慨的品性，換取一點屬世的利益。凡是這一等人都要從上帝的子民中被篩出去；凡是要得著天國的人，必須全心全力地擁護天國的原則，他們非但不可因自私而枯萎，反而應當因慈善的心懷而發展。每一個機會都應該利用來彼此幫助，藉此珍視天國的原則。耶穌在我面前顯示為完全的模範，祂的一生沒有自私的成分，而是以無私的仁慈為特徵的。

第三十章 ‧ 大震動
Chapter 30. The Shaking

我看見一些人，憑著堅強的信心和痛苦的呼喊，懇求上帝。他們臉色灰白，表露著深切的焦慮，顯示他們內心的爭戰，堅強的意志和誠懇的心情，表露在他們的面孔上。他們的額上流下大滴的汗珠，他們的臉上偶爾煥發著上帝嘉納的記號，然後那原來嚴肅、誠懇、焦慮的表情又顯現出來了。

有惡使者擠在他們周遭，將黑暗壓在他們的身上，叫他們看不見耶穌，使他們的眼睛注意那包圍著他們的黑暗，以致不信任上帝，生出埋怨的話語，他們唯一的安全是一直舉目向上。有上帝的使者負責看顧祂的子民，所以當惡使者惡毒的氣焰籠罩在這些警醒的人身上時，聖天使就不住地在他們上面擺動翅膀，驅散那濃密的黑暗。

當那些祈禱的人繼續他們懇切的呼籲時，偶爾有一道光從耶穌那裡射下來，鼓勵他們的心並光照他們的臉。我看出有一些人沒有參與這種掙扎懇求的工作。他們似乎漠不關心，毫不在意，他們也沒有抗拒那環繞他們的黑暗，這黑暗便像一層濃黑的雲霧將他們罩住了。上帝的使者離開了這一等人，去幫助那些懇切祈禱的人。我

看見上帝的使者急忙去協助一切竭力掙扎抵擋惡使者，並恆切地呼求上帝而力圖自助的人，但祂的使者離開了那些不肯出力幫助自己的人，我就再也看不見他們了。

我問到我所見之震動的意義，便蒙指示得悉，這震動乃是那「為誠信真實見證的」，所傳給老底嘉教會的勉言所引起的。這種勉言對於領受的人必要生效，並使他們高舉上帝的標準，並講出正直的真理。另一些人則不肯領受這率直的見證，他們要起來反抗，這就要在上帝的子民中引起震動。

我看明大家都沒有全心聽從那誠信真實見證者的證言，他們若不是完全無視於這有關教會前途的嚴肅證言，便是把它輕看了。這證言必須引起深刻的悔改，凡真心領受它的就必須順從它，而得蒙潔淨。

天使說：「妳聽！」過不久我聽到一個聲音，好像許多樂器一起發出完美的音樂，甜蜜而和諧。我從沒有聽過這樣的音樂，它似乎充滿了憐愛、慈悲和高尚聖潔的喜樂。它深深地感動了我的身心。天使又說：「妳看！」我就注意到我先前所見過的那一班曾經大大地被震動的人。我蒙指示看到先前所見痛哭並以沉痛之心祈禱的人，環繞他們的護衛天使數目已經增加一倍，而且這些人已經從頭到腳都穿了軍裝。他們以嚴整的秩序行進，好像一隊精兵似的，他們臉上表露著他們所忍受的激烈奮鬥和所經過痛苦的掙扎。他們的容貌雖然顯露著內心的劇痛，但這時卻煥發著上天的光榮，他們已獲得勝利，這勝利已經使他們發出由衷地感激和聖潔的喜樂。

這班人的數目已經減少了，有一些人已經被震動而撇在路旁了。那些粗心大意、漠不關心，且沒有和那些因珍視勝利與救恩而一同恆切禱告掙扎的人，就沒有得勝，卻被撇在黑暗裡，他們的地位就

立即被其他領受真理而參加聖工的人所取代了。惡使者仍然迫近他們的四圍，卻無法在他們身上施用魔力。

我聽見那些身穿軍裝的人大力宣講真理，這方法頗有效驗。許多人過去曾受約束，有一些是妻子受丈夫的約束，有一些是兒女受父母的約束。那些曾受攔阻而未得聽真理的誠實人，這時殷切地持守真理了，他們對親人約束的懼怕心理都消散了，唯有真理才是他們所尊重的。他們曾經如飢似渴地尋求真理，看它比生命更為寶貴。我問這種大變化是怎樣造成的，一位天使回答說：「是由於晚雨，就是那從主面前而來的安舒日子，就是第三位天使的大呼聲！」

有很大的能力賜給這些蒙揀選的人。天使說：「你看！」我就注意到惡人或不信的人，他們都活躍起來了。上帝子民的熱心和能力已經惹動並激怒了他們，處處都呈現著混亂的現象。我看到惡人對於那些擁有上帝的亮光和能力的人採取行動，他們四圍的黑暗愈加濃厚了，但他們依然站穩腳步，蒙上帝的嘉納，並且依靠祂。我看到他們陷於困惑的境地；然後我又聽見他們懇切地向上帝呼求。他們日以繼夜地不斷呼求說：「上帝啊，願你的旨意成就！如果你的聖名能得到榮耀的話，求你為自己的子民開一條出路！求你救我們脫離那包圍著我們的無信仰之人。他們已經決定要置我們於死地，但你的膀臂能夠施行拯救。」這是我所能想起的幾句話。他們都似乎深深感覺到自己不配，並表示完全順服上帝的旨意，但他們毫無例外地，每個人都像雅各一樣誠懇地禱告，並為得救而掙扎。

在他們開始懇切呼籲之後不久，眾天使基於同情，想去解救他們，但有一位身材高碩的天使總司令阻止他們，他說：「上帝的旨意還沒有成全。他們必須喝這杯；他們必須受這洗。」

再過不久，我聽到上帝的聲音震動了天地，於是地大震動，各

處的房屋都倒了下來。我又聽到一陣清晰宏亮如音樂般的勝利吶喊，我望著那不久以前處於困難和約束之中的一群人，他們已經從苦境轉回了。有榮耀的光輝照耀著他們，他們看來是多麼的美麗啊！一切憂慮和疲倦的跡象都消逝了，每個人的臉上都顯出健康與美麗的神色。他們的敵人，就是他們周遭的異教徒，都像死人一樣仆倒在地，他們不能承受那道照耀在蒙拯救之聖徒身上的光輝。這個光榮一直停留在他們身上，直到耶穌出現在天上的雲彩中，而那忠心受過考驗的一群人便在一霎時，眨眼之間，改變了形體，榮上加榮。墳墓都敞開了，眾聖徒就出來，披著不朽的生命，喊叫說：「戰勝死亡與墳墓！」於是他們與活著的聖徒一同被提上升，在空中與主相遇，而每一個永不朽壞的口舌，都發出了優美如音樂般的讚美和得勝的吶喊來。

第三十一章 ▪ 行走窄路
Chapter 31. Traveling the Narrow Way

1868 年 8 月我在密西根州巴特溪的時候，夢見自己和一大群人在一起。這一群人中有一部分人是準備好要旅行的，駕著滿載行李的馬車，而在行旅的路途似乎向上斜。一邊有懸崖，一邊有高碩光滑的峭壁。

當我們向前進的時候，路就愈來愈陡，愈來愈窄。在某一些地方似乎非常狹窄，甚至我們決定不能再乘座滿載行李的馬車旅行了，於是我們解下馬來，把車子上一部分的行李放在馬上，騎著馬行走。

當我們繼續前進時，道路變得更狹窄了。為了避免從窄路上摔下懸崖去，我們不得不貼緊山壁，當我們這樣作的時候，馬背上的行李碰撞在山壁上，使我們搖搖晃晃偏向懸崖。我們深怕會摔下去，跌在石頭上就粉身碎骨了，於是把那繫住行李的繩子割斷，行李就落到懸崖底下去了。我們繼續騎著馬，非常害怕，唯恐一走到更狹隘的關口時，身體就會失去平衡，而滑跌下去，這時便似乎有一隻手牽著韁繩，引領我們走過那險峻的窄路。

路愈來愈窄了，即使再騎馬前進也不安全了，於是我們決定將馬撇下，徒步單人行走，每人跟著前人的腳蹤而行。這時有小繩子從純白的山壁頂上垂了下來，我們奮力把它抓住，為要幫助自己避免滑跌。在我們行走的時候，繩子也跟著向前行。路終於變得非常狹窄，甚至我們決定，唯有脫下鞋子才能更安全些，於是，便脫下鞋子，走了一段路。再過不久，我們連襪子也不敢穿了，就把它脫下來，赤腳行走。

　　這時我們才想起了那些不習慣於缺乏與艱苦處境的人，這班人現在在哪裡呢？他們不在行列中，在每一次改變旅行模式的時候，總有一些人留在後面，唯有習慣忍受艱苦的人還繼續行走，沿途的辛苦只會更加強我們堅持到底的決心。

　　我們失足的危險愈來愈大了！我們靠緊著那白色的山壁行走，但還是不容易把腳穩穩地踏在路上，因為那路已經變得太狹窄了。這時我們幾乎完全懸掛在繩子上，喊叫說：「我們要抓住來自上頭的繩子！我們要抓住來自上頭的繩子！」行走窄路的我們，都異口同聲地呼喊著。

　　當我們聽到那似乎來自底下深淵戲笑狂歡的聲音時，就不由地戰慄起來。我們聽到了褻瀆的虛誓、卑鄙的戲言和下流邪淫的歌曲，我們聽到了戰場上的歌聲，也聽到了舞廳裡的喧譁音樂。我們聽到了樂器的聲音、大聲的歡笑，摻雜著咒詛和痛苦的呼嘯與哀慟的哭號，我們便更堅定地要繼續行走這條狹窄艱險的道路。大部分時間我們必須將身體完全懸在繩子上，而繩子則隨著我們的前進而漸漸加粗。

　　我注意到那美麗潔白的山壁濺有血跡，我看到山壁被濺污就感到惋惜，但這種感覺只是曇花一現，我隨即就認為這是理應如此的。

因為那些跟在後面的人必能明瞭，已有別人在前面走過這條狹窄艱險的路，所以他們就能了解別人既能行走這條路，他們也必能行。所以當他們疼痛的腳掌流血時，他們就不致因失意而灰心了，並且因看到山壁上的血，就可知道別人也曾忍受這同樣的苦難。

最後我們走到一道裂口，我們的路就此中斷了，現在前面再沒有什麼東西來指引我們的腳步，再也沒有一點立足之地了。我們必須完全倚賴繩子，這繩子已經變成非常粗大，直至和我們的身子一般粗。在這裡，我們一時陷於困惑與苦惱之中，我們恐懼地低聲相問：「這繩子上面連接著什麼呢？」我的丈夫走在我的前面，有大滴汗珠從他的額上流下來，他頸項和額上的血管比平常漲大了一倍，他口中發出鬱悶痛苦的呻吟。我的臉上也流下汗來，同時我也感到從未受過的痛苦，我們面臨著一次可怕的掙扎，如果我們在這裡失敗，那就前功盡棄了。

在我們前面，就是裂口的那一方，有一片美麗的草原，其上的青草約有六寸長。我看不見太陽，只見明亮而柔和的光線，宛如精金和純銀的光彩，照在草原上。我從來沒看過像這草原那麼美麗的地方，然而我們還是焦慮地相問：「我們能否到達那一邊呢？」如果繩子斷了，我們就必滅亡，接著，我們又低聲焦急地相問：「繩子繫在什麼東西上呢？」

我們一時遲疑不決，不敢冒險。然後我們大聲說：「我們唯一的希望，就是完全信賴這條繩子，它在這趟艱險道路的全程中都是我們的依靠，它現在絕不會令我們失望的。」但我們依然猶豫不決，於是有人說：「是上帝拉著這繩子，我們不必懼怕！」跟在我們後面的人反覆說這一句話，並加上一句，說：「現在祂絕不會讓我們失望的，祂已經把我們安全地帶到這裡來了。」

懷愛倫相片紀實

行走窄路
1868年

我在密西根州巴特溪的時候，夢見自己和一大群人走在一起，路途似乎向上斜。一邊有懸崖，一邊有高碍光滑的峭壁，而路甚行愈窄。

於是，我的丈夫抱住繩子，擺盪自己的身體越到那座令人懼怕的深淵，到達彼方的美麗草原上，我立刻也跟他過去了。啊！那時我們感到何等舒暢而感謝上帝啊！我聽到許多人高呼勝利，讚美上帝。我感到非常喜樂，那是完全的喜樂！

之後，我醒過來了！我發現我為夢中艱險的旅途中所受到的焦慮而神經緊張、全身發抖。這個夢不需要我加以評論，它在我思緒中留下了極深刻的印象，我相信在我有生之年，這個夢的每一個細節都必生動地留在我的記憶之中。

第三十二章・為審判的時辰作準備
Chapter 32. Preparing for the Judgment

「向我耳中大聲喊叫說：『要使那監管這城的人手中各拿滅命的兵器前來。』」「上帝將那身穿細麻衣、腰間帶著墨盒子的人召來。耶和華對他說：『你去走遍耶路撒冷全城，那些因城中所行可憎之事歎息哀哭的人，畫記號在額上。』我耳中聽見他對其餘的人說：『要跟隨他走遍全城，以行擊殺。你們的眼不要顧惜，也不要可憐他們。要將年老的、年少的，並處女、嬰孩，和婦女，從聖所起全都殺盡，只是凡有記號的人不要挨近他。』於是他們從殿前的長老殺起。」（以西結書9：1, 3-6）

耶穌將要離開天上聖所的施恩座，穿上報應的衣袍，將祂忿怒的報應傾注在那些沒有響應上帝所賜亮光的人身上。「因為斷定罪名不立刻施刑，所以世人滿心作惡。」（傳道書8：11）那些不敬畏上帝，不熱愛真理的人，非但不因主向他們所表示的忍耐和長期的寬容而感動，反而繼續硬著心腸作惡。但上帝的寬容是有限度的，而且許多人已經越過這些限度了。他們已經越過恩典的界限，因此上帝必須出來干涉以維護自己的尊榮。

主曾論到亞摩利人說：「到了第四代，他們必回到此地，因為亞摩利人的罪孽，還沒有滿盈。」雖然這國曾因拜偶像和種種的腐敗而出名，但它的惡貫還沒有滿盈，所以上帝暫不下令將它滅盡。這個民族必須看到上帝能力的清楚而明白的彰顯，才能使他們無可推諉。慈悲的創造主願意容忍他們的罪，直到第四代。然後，如果他們仍未離惡行善，祂的刑罰就要降在他們身上了。

無窮者今日依然為各國保留著絲毫無差的賬目。當祂憑憐憫的心向人發出悔改的呼召時，這個賬還沒有結算，但一口這數字逹到上帝所定的限額時，祂的忿怒就要發作了，於是就要結算賬目了。屬神的忍耐已經到了盡頭，憐憫的恩典也不再為他們辯護了。

危機很快就要來到！上帝降罰的時候即將臨頭，雖然很不願意施州，但仍要降罰，而且速速執行。凡是行在光中的人，必要看出那近在眉睫的險兆，但他們不可默然坐視災禍的來臨，並安慰自己說，上帝一定要在降罰的日子遮蔽祂的百姓。斷非如此！他們應當認識到自己有責任殷勤地為別人作工，憑堅強的信心指望從上帝那裡得到幫助。「義人祈禱所發的力量是大有功效的。」（雅各書5：16）

敬虔的酵還沒有完全失效。正在教會危機最嚴重，情況最低落的時候，那行在光中的一小群人將要因地上所行可憎之事歎息哀哭，但他們更要特別為教會獻上祈禱，因為其中的信徒正在效法世俗的榜樣。

這些少數忠實分子的懇切祈禱，絕不至於落空。當主以施行報應者的身分降臨時，祂也必以護衛者的姿態出現，來保護那些保持信仰純潔，並保守自己不沾染世俗的人。上帝應許要為那些晝夜呼求祂的選民伸冤，縱然是祂為他們忍耐多時，但是就在這個時候，

祂必親自審判。

上帝報應的日子即將臨到我們了！上帝的印只能印在凡為地上所行可憎之事歎息哀哭之人的額上。那些同情世俗，和醉酒的人一同吃喝的人，他們也必要與作惡的人同遭毀滅。「耶和華的眼目看顧義人；祂的耳朵聽他們的呼求」，但「耶和華向行惡的人變臉」（詩篇34：15-16）。

我們自己的行動將要斷定我們是受永生上帝的印，還是被殺人的兵器所殲滅。上帝的忿怒已經有幾滴落在地上了，但等到那斟在上帝忿怒之杯中純一不雜的最後七大災難，傾注出來的時候，人若再想悔改去尋找藏身之處，已經為時太晚了！那時再沒有贖罪的寶血可以洗除罪惡的玷污了。

「那時，保佑你本國之民的天使長米迦勒必站起來，並且有大艱難，從有國以來直到此時，沒有這樣的。你本國的民中，凡名錄在冊上的，必得拯救。」（但以理書12：1）一旦這大艱難時期來到，每一件案子都已定讞了，那時再沒有寬容的時期，怙惡不悛的人再沒有蒙憐恤的機會了，永生上帝的印已經印在祂子民的額上了。

這一小群餘民同龍的大軍所統率地上的權勢，進行殊死的爭戰時，他們無法保護自己，於是上帝將成為他們的保護。屬世的最高威權已經頒佈法令，凡不拜獸並接受獸印記的人必要遭遇逼迫與死亡。但願上帝現在幫助祂的子民，因為他們若得不到祂的援助，那麼在如此可怕的爭戰中，他們還能做什麼呢！

勇敢、堅毅、信心和對於上帝拯救能力的絕對依靠，並不是可以一霎時之間得來的。這些屬天的美德乃是從多年的經驗中獲致的，上帝兒女藉著聖潔的努力和堅持正義的人生，已經決定了自己的命

運，他們既為無數的試探所包圍，就看出自己必須堅決抵抗，否則必被征服。他們感覺到自己有重要的工作要做，而且隨時可能要奉命卸下武裝，如果他們到達臨終之時，卻還沒有完成自己的任務，那就必是永久的損失了。他們曾經熱切地接受天上來的亮光，如同初期的門徒從耶穌的口中領受一樣。當那些早期的基督徒被放逐到深山曠野之中，或被丟在地窟裡死於飢餓、寒冷和酷刑之下時，他們看清殉道乃是脫離患難的唯一出路，便因自己配為那曾為他們釘十字架的基督受苦而歡喜。他們所留下優美的榜樣，將要安慰鼓舞那些面臨從有國家以來，直到此時沒有遇過大艱難的上帝子民。

凡自稱遵守安息日的人，並不是都能蒙受印記。就連那些將真理教導別人的人，也有很多人不能在額上領受上帝的印。他們持有真理的光，也知道他們主的旨意，又明白本會信仰的每一要點，但他們沒有相符的行為。那些如此熟悉預言和神聖智慧之財寶的人，按理應該實踐他們的信仰，他們應該吩咐自己的親人效法他們，這樣，他們就可以藉著一個有良好秩序的家庭，向世人說明真理在人心靈上的影響了。

在我們的品格還有一點瑕疵或玷污的時候，我們就絕不能領受上帝的印。糾正我們品格上的缺點，並從心靈的殿中洗去一切的污穢，責任在乎我們自己，然後晚雨就要降在我們身上，像早雨在五旬節時降在門徒身上一樣。

我們太容易以微薄的成就而自滿，我們自覺富足，已經發了財，卻不知道自己是「那困苦、可憐、貧窮、瞎眼、赤身的」（啟示錄3：17）。現今正是我們要聽從那為誠信真實見證者的勸告：「我勸你向我買火煉的金子，叫你富足；又買白衣穿上，叫你赤身的羞恥不露出來；又買眼藥擦你的眼睛，使你能看見。」（啟示錄3：18）

我們在今生必須遇到烈火試煉，又要做重大犧牲，但基督的平安乃是我們的恩賜。克己的表現太少了，為基督受苦的事也太少了，甚至十字架幾乎完全被忘記了。如果我們要與基督一同得勝，在祂的寶座上與祂同坐，那麼我們就必須與祂同受苦難。如果我們揀選那條自我放任，容易行走的道路，而畏避克己，我們的信心就永遠不會變為堅固，我們也不能體驗到耶穌的平安，或因自覺得勝而擁有的喜樂。那得贖之群眾中地位最高，身穿白衣，侍立在上帝和羔羊寶座之前的人們，都曾體驗過得勝的爭戰，因為他們是從大患難中出來的。那些寧願順從環境而不願意投入這爭戰的人，到了那大而可畏的日子，將不知道如何站立得住，那時人人都要經受心靈上的痛苦，雖有挪亞，但以理，約伯在其中，他們連兒帶女都不能得救，只能因他們的義救自己的性命（參閱以西結書 14：14，20）。

　　任何人不需要說自己的情形是沒有希望的，或者說自己不能度基督徒的人生。基督的死已經為每一個人做了充分的準備，耶穌是我們在需要之中隨時的幫助，只要我們憑信心呼求祂，祂已應許要垂聽應允我們的要求了。

　　唉！唯願我們能有活潑而積極的信心！我們必須得著它，否則我們在考驗的日子就要跌倒失敗了。到了那時，我們不可讓那籠罩在我們旅途上的黑暗使我們灰心絕望，這黑暗正是上帝在祂將豐富的恩惠賜與我們時，祂用以遮掩祂榮耀的帷幔。我們應從過去的經驗中明瞭這事，在耶和華與祂百姓爭辯的日子，這個經驗將要作為我們安慰與希望的根源。

　　現今正是我們必須保守自己，和自己兒女不沾染世俗的時候。現今正是我們必須將品格的衣袍在羔羊的寶血裡洗白淨的時候。現今正是我們必須得勝驕傲、情慾，以及屬靈懶惰的時候。現今正是

我們必須警醒，為培養均衡品格而作堅毅努力的時候。「你們今日若聽祂的話，就不可硬著心。」（希伯來書4：7）我們今日正處在一個最艱苦難堪的地位上，要等候，仰望主的顯現。全世界都處在黑暗之中。但是保羅說：「弟兄們，你們卻不在黑暗裡，叫那日子臨到你們像賊一樣。」（帖撒羅尼迦前書5：4）上帝的旨意常是要使那等候渴慕祂的人，從黑暗中得見光明。從悲傷中得喜樂，從疲勞中得到安息。

弟兄們！你們在這偉大的準備工作中作了什麼呢？那些與世界聯合的人，正在接受世俗的薰陶，準備領受獸的印記。那些在上帝面前自卑，並藉著順從真理而潔淨自己心靈的人們——這等人正是接受了上天的陶冶，準備在額上領受上帝的印。當祂的命令發出，天使將印記印在他們額上的時候，他們的品格就必永遠純潔而沒有瑕疵了。

現今正是作準備的時候！上帝的印絕不會印在不純潔之人的額上，它也絕不會印在一個野心勃勃，迷戀世俗之人的額上，它更不會印在一般口吐謊言，心地詭詐之人的額上。凡接受這印記的人，必須是在上帝面前毫無瑕疵的——他們是進入天國的候選者。務要自己查考《聖經》，明白現在的時刻是非常嚴肅的。

第三十三章 ▪ 組織與發展
Chapter 33. Organization and Development

我們這個團體自從成立以來，已將近數十年了（註：懷愛倫講述這話時是在 1892 年）。我也是參與組織最初成立的人之一，我熟知那時團體所必須應付的困難以及成立組織所要糾正的弊病，我也曾觀察過組織對於聖工進展所有的影響。在聖工開始的初期，上帝在這一點上給了我們特別的亮光，而且這個亮光，連同經驗所給予我們的教訓，都是應該加以審慎留意的。

我們的工作一開始就是積極的。我們的人數不多，而且大半都是貧寒的。我們的見解幾乎為世人所不知，我們還沒有禮拜堂，只有很少的一些出版物，而且推展工作的設備也很有限。我們的羊群分散在大街小巷、各城市、村鎮與森林中，但我們的信息乃是上帝的誡命和耶穌的真道。

信仰與教義的合一

我的丈夫與貝約瑟、皮司提反（Stephen Pierce）、愛德生等位牧師和其他思想敏銳、高尚真誠的人，曾在 1844 年所定的「日期」過

去之後，繼續尋找真理如同尋找埋藏的財寶一般。

那時我們時常以沉重的心情聚集在一起，祈求得以在信仰和教義上合而為一，因為我們知道基督不是分門別類的。我們把要道作為逐一查考的對象。我們都以敬畏的心情翻開《聖經》。我們時常禁食，以便更能明白真理。在懇切祈禱之後，如果有哪一點不明白，我們就進行討論，讓各人自由發表意見，然後我們再跪下禱告，向上帝獻上誠懇的祈禱，求祂幫助我們意見相同，使我們可以合而為一，正如基督和天父合而為一一樣。那時，我們的眼淚不住地沿著臉頰流下。

我們就這樣地用了很多時間，有時用一整夜的工夫認真地查考《聖經》，使我們可以明白那有關現代的真理，有的時候上帝的靈降在我身上，難解的經文就藉上帝所指定的方法向我們闡揚說明，於是我們就有了完全的和諧，我們都是一心一意的。

我們竭力避免強解《聖經》以遷就任何一個人的見解，我們也盡量避免過於強調一些比較不重要的，而又是大家意見不同的問題，以便盡可能減少分歧和爭執。每一個人的心願乃是要在弟兄當中造成合一的情形，藉此應驗基督的祈禱，使祂的門徒合而為一，正如祂和天父合而為一一樣。

有的時候，一兩位弟兄竟頑固地反對某人提出來的看法，表露他們心中本性的意思。每遇有這種情形發生，我們就暫時停止查考《聖經》，宣佈休會，使大家有機會個別向上帝禱告，不與其他人交談，單獨去研究爭執之點，而從上天求得亮光。我們便在友好的氣氛中散會，盡快地再開會繼續研究。有時上帝的能力很顯著地降在我們身上，每當清晰的亮光向我們顯明真理上某一要點時，我們便要一同流淚歡喜，因為我們熱愛耶穌，也彼此相愛。

教會秩序的建立

我們的人數逐漸增多了，我們所撒的種子有上帝澆灌並使之發展。起先我們在私人家中，在寬大的廚房、倉庫、樹林和學校課室裡聚集禮拜，並將真理傳給一切來聽的人，然而不久我們就有力量可以建築簡陋的禮拜堂了。

當聚會人數增多的時候，就能顯而易見地看出各種問題：如果沒有一定形式的組織，就難免有混亂的現象，聖工也不能做有效地推進，所以為要供養教牧人員，為要在新地區開闢新工，為要防止不符合資格的人混入教會或成為教牧人員，為要保管教會財產，為要出版真理書刊，以及為要達到其他的目的起見，成立一個組織乃是必不可少的。

雖然如此，在同道當中對於成立組織這件事卻起了很大的反感。守星期天的復臨信徒固然反對成立組織，守安息天的復臨信徒也多數抱著同樣的見解，我們誠懇地禱告求問主，以便明瞭祂的旨意。結果藉著聖靈賜下了亮光，說明教會中必須具有和諧的秩序和嚴密的紀律——因此一個組織是必要的。上帝在全宇宙中的作為都表顯著規律和秩序，秩序乃是天國的律法，所以它也應作為在地上子民的律法。

基督徒經驗談
懷愛倫的信仰旅程

興辦新的事業

我們在成立組織的過程中，曾經有過一段艱苦的奮鬥。主雖然針對這個問題賜下多次的證言，但反對的勢力還是很強大，所以我們必須一再地協調。但我們知道有以色列的耶和華上帝在引領我們，同時本著祂的美意指導我們，由於我們在組織教會的工作上齊心努力，因此有了顯著的成功，使得我們的進度能很順利地一步一步走下去。

懷愛倫相片紀實

巴特溪療養院
1880年

左：巴特溪療養院正門，右上：療養院餐廳，右下：療養院一隅

當聖工的擴展使我們不得不著手於新的事業時，我們也有了相當的準備，可以隨時興辦其他新事業。主已指示我們關於教會工作的重要性，我們看出有開辦學校的需要，這可使我們的兒女不受到摻雜虛偽哲理之謬誤教育，讓他們所受的訓練可以符合上帝聖言的原則。關於健康機構的需要，我們也曾強調，一方面幫助教導自己的同道，一方面啟迪造福他人。結果這一項事業也同時順利推進了，這一切都是最崇高的佈道工作。

通力合作的成績

我們的工作不是靠巨額的捐獻或遺產來維持的，因為我們當中沒有幾個富人。我們興旺的祕訣是什麼呢？我們向來聽從那拯救我們的「元帥」的命令而採取行動，上帝已經賜福予我們，使我們於真道上共同努力。真理已經發展而興盛了，各種機構也相繼興起了，那粒芥菜種已經長成了一棵大樹，我們所建立的組織系統是完全成功的，根據《聖經》的教訓所倡導有系統的捐獻也實施了，全身都「聯絡得合式，百節各按各職」（以弗所書4：16），在我們繼續前進的過程中，我們的組織制度得到證明它是有效的。

避免混亂的危險

任何人都不應該認為我們可以取消這個組織，我們將它建立起來，是經過多方的研究和多次向主祈求賜下智慧給我們，我們也知道上帝已經應允了我們的祈禱。這個組織是在上帝指導之下，經過重大犧牲與奮鬥，才建立起來的。我們的弟兄中切不可有人妄圖將它拆毀，因為你們若這樣作，就必造成一種你們所沒有夢想到的情形！我奉主的名向你們聲明，這個組織是一定要成立、加強、堅定、鞏固。我們遵照上帝的吩咐「往前走」，就在困難重重似乎無法前進的時候勇往直前，我們知道在過去執行上帝計畫時付出了多大的代價，而這些計畫已經使我們終於達到了現在的程度。所以，人人務要非常謹慎，以免使人對於上帝為我們的興盛，以及推進事業的成功所命定的制度上，產生任何疑問。

天使都是很和諧地工作著的，他們一切的動作都是具有完美秩序的。我們愈嚴格地效法天軍的和諧與秩序，這些天國差役為我們所發出的努力就必愈有成效。如果我們看不出自己有一致行動的必要，反而在行動上凌亂分歧、無規律、無組織，那麼，這些組織嚴明、

懷愛倫相片紀實

羅馬林達療養院開工典禮
1905年

懷愛倫在羅馬林達療養院開工典禮上致辭

秩序井然的天使就不能很成功地為我們作工了！他們必要悲傷地離開，因為他們沒有受命令加惠於混亂、散漫、分崩離析的團體。凡渴望與天上使者合作的人，必須與他們行動一致；凡受過上帝恩膏的人，必須竭力倡導秩序、紀律、一致行動的精神，然後上帝的天使才能與他們合作，因為這些天上的使者永不會贊同無規則、無組織、無秩序的情形。這一切的弊病乃是出於撒但力圖削弱我們的力量，挫敗我們的勇氣，阻止我們成功的陰謀。

懷愛倫相片紀實

代表大會上致辭
1901年

懷愛倫在密西根州巴特溪的代表大會台上，強調信仰基本要道的重要。

　　撒但熟知唯有秩序與和諧的行動方能奏效，他熟知凡與天國有關的事都是秩序井然，而且天軍的一切行動都以服從和嚴明的紀律為特徵。他處心積慮地引誘一切自命為基督徒的人盡可能地偏離上天的制度，因此，他要迷惑那些自稱為上帝子民的人，使他們相信秩序和紀律是對屬靈生活有妨礙的，他要使他們誤認為唯一安全之策乃是各自為政，並且與那些團結一致，努力維持秩序與和諧的基督徒團體隔離而自行獨立。一切為維持秩序而作的努力，都被他們認為是有危險的，是限制他們有合法的自

由，因此，他們認為對基督徒團體敬而遠之，就猶如畏避教皇制度一樣。這些熱誠的人還以為他們誇耀自己思想和行動上的獨立是一種美德呢！他們不肯聽命於任何人，也不肯順服任何人。我蒙指示，得悉撒但特殊的任務是要誘惑人認為他們獨斷獨行，自作主張，不問弟兄們的意見如何，才是上帝對他們的旨意。

個人的責任和基督化的合一

上帝正在引領一班選民從世界中出來，使他們站在永恆真理的崇高立場上——也就是上帝的誡命和耶穌的真道．祂必鍛鍊裝備自己的子民。他們絕不會意見不合，一個人相信一件事，而另一個人持有完全相反的信仰和觀點；各人採取獨立行動，不受團體的約束。藉著所賜給教會不同的恩賜和職分，他們將要在信仰上團結一致。如果一個人對於《聖經》的真理堅持自己的看法而罔顧弟兄們的意見，還自以為是，主張自己有權固守自己的特殊見解，並且強迫別人接受，他怎能成就基督的祈禱呢？如果，有更多的人，一個一個地興起並各自維護他們所認為的自由信仰與自由宣講的權利，而罔顧整個團體信仰的立場，試問，那裡會有基督祈求能存在於基督與天父之間，以及弟兄姊妹之間的和諧嗎？

我們雖然各人在上帝面前都有自己的工作與責任，但我們不可單憑自己的意志獨斷獨行，而罔顧弟兄們的意見與感情，因為這樣行，勢必在教會中引起混亂。傳道人有責任應尊重弟兄們的意見，但是他們彼此間的關係，以及他們所教導的道理，卻應受訓誨和法度的試驗，這樣，只要大家具有受教的心，我們當中就不會有分裂的情形。有一些人是傾向混亂的，並且正在偏離信仰的基本要道，但上帝卻能感動祂的眾傳道人，使他們在教義與精神上合而為一。

我們今日的團結必須有經得起考驗的特質。……我們有許多必

須學習的教訓，也有許許多多必須放棄的謬見，唯有上帝和天國是確切無誤的。那些以為自己絕不需要放棄一種懷存偏差的見解，或覺得不必要改變自己主張的人，一定會感到失望。在我們頑固地堅持自己的理念和意見時，我們就不能實現基督所祈求的合而為一了。

每當一個弟兄領受了來自《聖經》的新亮光時，他就應該坦白地說明自己的觀點，其他的傳道人也當本乎公正的精神查考《聖經》，來決定他所提出的講法是否依據《聖經》。「主的僕人不可爭競，只要溫溫和和地待眾人，善於教導，存心忍耐，用溫柔勸戒那抵擋的人，或者上帝給他們悔改的心，可以明白真道。」（提摩太後書 2；24–25）

上帝行了何等大事！

我既親自經歷了我們前進過程中的每一階段，現在回顧我們過去的歷史時，我就能大聲說：「讚美上帝！」當我看到上帝所行的大事，心中就充滿了驚奇和對於基督為領袖的信賴，面對未來，我們一無所懼，除非我們忘記上帝過去的引領和教導。

我們現在已經是一個強健穩固的團體，只要能時常倚靠主，因為我們所擁有的乃是上帝聖言的偉大真理，我們應當凡事存心感恩。如果我們能按上帝活潑的聖言所給予的光照而行，我們就有重大的責任，與上帝所賜的亮光相稱。我們有許多當盡之分，因為神聖的真理已經委託給我們，必須將這真理本其所有的一切榮美傳給世人。我們都欠了上帝的債，須善用主所賜下的每一個機會，藉聖潔的品格來美化真理，將這警告、安慰、希望和慈愛的信息，傳給那些處在謬論與罪惡之黑暗中的人們。

我們要為那已為本會青年備妥一切，使他們獲得宗教與心智訓

練的教育機構而感謝上帝。許多人已經受了教育，可以在聖工各部門的工作中有分，他們不僅參加了國內傳揚福音的工作，也參加了國外宣教的工作，我們的印刷所已經出版了許多書刊，將真理的知識傳播遠近各方，這一切有如仁澤滿溢之溪流的恩賜，理應作為感謝上帝的理由。

我們今日有一大隊的青年，如果得到正確的指導和勉勵，就能大有所為。我們要我們的兒女相信真理，我們要他們蒙上帝的賜福，我們要他們在幫助其他青年有組織的計畫中有分。他們都必須如此地受訓練，才使他們能正確地宣揚真理，向人說明自己心中盼望的緣由，並在他們所適宜參加的任何部門聖工上時常榮耀上帝。

我們既身為基督的門徒，就有本分將我們所明知世人沒有的亮光散發出去。但願上帝的子民，「在好事上富足，甘心施捨，樂意供給人，為自己積成美好的根基，預備將來，叫他們持定那真正的生命。」（提摩太前書 6：18-19）

第三十四章 ▪ 上帝對教會的眷愛
Chapter 34. God's Love for the Church

註：此篇勉言寫自 1892 年 12 月 23 日墨爾本喬治大道的聖基爾達路。

全球總會的親愛弟兄們：

我要向弟兄姊妹們證明，基督教會即使衰弱而有缺點，但仍是祂在地上所最關注的唯一對象。祂一方面向全世界的人發出邀請，要他們親近祂以便得救，同時祂也委派祂的天使給予每一個認罪悔改歸向祂的人以神聖的幫助，並藉著祂的聖靈親自臨格在祂的教會之中。「主——耶和華啊，你若究察罪孽，誰能站得住呢？但在你有赦免之恩，要叫人敬畏你。我等候耶和華，我的心等候；我也仰望祂的話。我的心等候主，勝於守夜的，等候大亮。以色列啊，你當仰望耶和華！因祂有慈愛，有豐盛的救恩。祂必救贖以色列脫離一切的罪孽。」（詩篇 130：3-8）

傳道人和全會眾啊！我們當用這話，衷心地感激上帝對教會全體和對你我所表露的慈愛，「以色列啊，你當仰望耶和華，從今時

直到永遠！」（詩篇 131：3）「站在耶和華殿中；站在我們上帝殿院中的，你們要讚美祂！你們要讚美耶和華！耶和華本為善；要歌頌祂的名，因為這是美好的。耶和華揀選雅各歸自己，揀選以色列特作自己的子民。原來我知道耶和華為大，也知道我的主超乎萬神之上。」（詩篇 135：1-5）我的弟兄姊妹們，想想看！主有一班人，就是祂的選民，祂的教會，要歸祂自己，祂要設立一座在被罪惡所打擊的背叛世界中的堡壘，使他們除了祂以外，不注意別的權威，也不承認別的律法。

撒但擁有一個龐大的同盟，就是他的教會。基督稱之為撒但會的人，因其會眾全是罪惡之子，撒但教會的分子經常從事於拋棄神聖的律法，混亂善惡的分野，撒但在悖逆之子中間大肆活動，並利用他們安稱離道背教的事為忠誠，他那邪惡的感化力現在煽動一群代謀者，進行他天上所發動之反抗上帝的大叛亂。

現今教會應穿上那華美的衣服——就是「有基督為我們的義」。在高舉上帝誡命和耶穌真道的事上，應恢復那原有明確的特點，將其公諸於世。教會要在其本有的光彩上更顯出聖潔的榮美，而與那些背棄上帝律法之不忠分子的醜陋及黑暗成一個強烈對比。這樣，我們就是承認上帝，承認祂的律法乃是天上政府的基礎，也是適合在地上諸國之間施行的。我們應在世人面前明白顯示祂的權威，凡與耶和華律法相衝突的，均不得加以認可。如果罔顧上帝的安排而聽任世人影響我們的決心和行動，那就破壞了上帝的計畫。不論藉口是如何地合理，如果教會在此事上發生動搖，那麼，在天上的案卷中，就要為她寫下一項背棄最神聖的付託與背叛基督之國的罪名。

教會若在整個宇宙萬有及世上各國之前，堅決持守她的原則，堅貞維護上帝律法的尊嚴與神聖，那麼，連世人也將予以注意與讚

賞，並且許多人也必因他們所看見的好行為，而將榮耀歸與我們在天上的父。凡是忠心誠實的人都帶有天國的憑證，而不是地上君王的憑證，眾人也必認出誰是蒙揀選有忠心的基督門徒，當那些尊敬上帝並為祂所看重之人得冠冕與尊榮，並領受極重無比永遠之榮耀的時候，也認出他們來。

主已為祂的教會準備了各種能力與福分，使教會可在世人面前顯明自己全能全有的形像，並使教會在祂裡面也得了豐盛，並代表天上另一個教會，就是那永存的世界，以及那超越世上一切律法的律法。祂的教會必成為按照神聖樣式建造的聖殿，那負責建築的天使曾從天上帶來那測量的金杖，故此每塊石頭都是按照神聖的尺寸鑿成的，並且磨光作天國的標記，向各方放射那公義日頭的清明光線。主要用天上的嗎哪來供養教會，並將其置於唯一恩典護衛之下，教會已穿上光明公義的全副軍裝，從事她最後的爭戰。渣滓和無價值的材料終必消滅，然而真理的感化力卻要向世人證明它使人成聖，使人高尚的特性。

主耶穌藉著顯示祂的憐憫與豐盛的恩典，正在世人心中進行實驗。祂所造成的變化是非常驚人的，以致令那意氣飛揚，不可一世，且擁有大批惡黨以反抗上帝和政府律法的撒但，也看出他們乃是他那詭辯與欺騙所無法攻破的堡壘。對於撒但而言，他們真是一種不可思議的奧祕。上帝的眾使者、撒拉弗和基路伯，以及那奉命與人間代表合作之大能者，無不以驚奇愉快的心情，觀望那班一度為可怒之子的墮落人類，如今經過基督的訓練，造就了與神相似的品格，得以成為上帝的兒女，在天國的享受和快樂上佔有重要的一份。

基督曾賜給祂的教會充分的便利，以致使祂可從自己所贖買的產業中，獲得大宗榮耀的收入。教會既蒙賜予基督的義，就成為祂

的貯藏所，祂的慈憐、仁愛、恩惠的財富，藉此要作豐盛而最後的顯示。基督在祂代求的祈禱中，宣稱天父對我們的愛和對自己——天父的獨生子——所給予的愛是同樣偉大，並說祂在那裡，我們也必同祂在那裡，永遠與基督和天父合而為一，這一宣稱乃是使眾天軍感到驚異的事，也是他們極大的快樂。聖靈的恩賜，要豐豐富富，充充滿滿成為教會的防火牆，是地獄權勢所不能勝過的。基督必因祂子民無玷污的純潔與無瑕疵的完全，而認他們為自己所受一切苦難、屈辱和慈愛的報酬，以增益祂的榮耀——基督自己就是那放射一切榮耀的偉大中樞。「凡被請赴羔羊之婚筵的有福了。」（啟示錄 19：9）

第三十五章 ‧ 佈道工作
Chapter 35. Missionary Work

　　1871 年 12 月 10 日，我蒙指示得悉如果有忠實而肯自我犧牲的人，全然地獻身於將真理傳給那些處在黑暗中之人們的工作，上帝就必藉這真理完成一項偉大的工作。那些明白這寶貴真理而獻身給上帝的人，應該善用每一次的機會，在敞開了門戶的地方廣傳真理。上帝的使者正在感動其他國家民眾的心思與良知，使心地誠實的人看到國際間動盪情況的徵兆就大為不安。他們心裡便興起疑慮說：「這些事將有什麼樣的終局？」當上帝和眾天使正在努力感動人心的時候，基督的僕人們卻似乎已沉睡了，只有很少數的人在與天上的眾使者一同工作。

　　如果傳道人和眾信徒能充分地奮起，他們就絕不會如此漠不關心地停滯下來，因為上帝已經使他們作律法的保管者，並將這律法印在他們的思想中，寫在他們的心版上，而藉此尊榮他們。這些極關重要的真理將要試驗全世界，然而就在我們的本國，也有許多城市村鎮還沒有聽到這警告的信息，有些青年人因聽到要求協助推進上帝聖工的呼召而受了感動，盡到了一點努力，但還沒有充分地負

起工作的責任，去完成他們所原可完成的工作。

如果那些參加聖工的青年人真有佈道的精神，他們就必顯明上帝呼召他們參加工作的確證，但是，如果他們不肯到新的地方去，而只滿足於來往訪問教會，這就證明他們並沒有真正負起聖工的重擔，我們年輕的傳道人對整個宣教概念不夠大不夠清楚，他們的熱忱太微弱了。如果青年人能警醒起來獻身於主，他們就必時刻殷勤，並力圖使自己有資格成為佈道園地裡的工人了。

青年人應該熟諳別國的語言，俾準備好以便上帝可以利用他們為媒介，將救人的真理傳與其他國家，這些青年人就是在為罪人作工的時候，也可以同時學習外國語言，如果他們能利用餘暇，就能從事學術的自修，使自己有資格作更廣泛的工作。如果平常沒有擔負責任的年輕女子肯獻身於上帝，她們也可學習外國語言，使自己配作有用的人，她們可以獻身於翻譯的工作。

本會的書刊應印成其他的語文，以便流傳到國外。（註：1871年懷師母寫這話的時候，復臨教會才開始以歐洲及其他國家的語文出版書刊。）我們可以利用印刷品成就很多佈道工作，但如果傳道人的工作感化力能配合著書刊的工作，就必更見果效。我們需要佈道士到外國去，用審慎、細心的方法傳揚真理，現代真理的事業能藉個人的努力而大大地推展。

當各教會看到青年人熱心準備自己，將聖工推展到那些從未聽到真理的各城市村鎮，又看到佈道士自告奮勇地到其他各國去將真理傳給他們時，各教會的會眾就必大為振奮堅強起來，遠比他們讓這些沒有經驗的青年人牧養他們更為有效。當他們看到這些傳道人因熱愛真理並渴望救人而心裡火熱時，他們自己也必振奮起來。一般來說，這些信徒本身都有相當的恩賜和能力來堅固自己，也能把

羊和羊羔領到羊圈裡來。他們需要自治自養，使一切潛在的恩賜可以發揮作用。

主已經感動了講說其他語言的人，他們也受到了真理的感化，以致有資格在祂的聖工上作工。祂會使他們與本會出版社有所聯絡，該社經理人如果看明聖工的需要，就必能善用他們所有的貢獻。我們需要有其他語文的書刊，為要在別的國家引起對於真理的興趣和研究的心意。

挪亞所傳的道，不僅警戒、試煉，也考驗了洪水之前的世人。照樣，在此末日所傳上帝的真理也在發揮同樣警戒、試煉和考驗世人的作用。從本會出版社所分發出去的書刊，帶有永生之主的印記，它們既被傳播於世界各地，就決定了許多人的命運。我們現在極其需要一些能將本會書刊譯成其他語文的人，使這警告的信息可以傳給萬國，用真理的亮光試驗他們，使男男女女看到亮光的時候，就可以轉離罪惡順從上帝的律法。

應當善用每一次的機會將真理推展到其他各國。這必然需要相當的經費，但我們不可讓經濟問題阻擋我們推進工作，金錢唯有用在推進上帝國度的事工上，才能發揮它的真價值，主將錢財借給人正是為了這個用途，要他們將真理傳給自己的同胞。

現今正是為上帝使用錢財的時候，現今正是在好事上富足，為自己積成美好根基，預備將來，以便持定那真正生命的時候。一個人得救進入上帝的國，遠比一切屬世的財富更有價值，我們必須為我們所接觸的人向上帝作交代，我們愈與自己的同胞接近，我們的責任就愈重大，我們原有手足之誼，因此我們所最關懷的乃是同胞們的福祉。我們不可荒廢一刻的光陰，如果我們過去在這事上疏忽了，現今正是我們應該認真加以挽回的時候，免得我們的衣服染上

了別人的血。我們既身為上帝的兒女，就沒有一個人能推卸參加基督拯救同胞之大工的責任。

要勝過偏見，並要使不信的人明白我們出力幫助他們並非是圖謀私途的。我們勢必遇見非常大的困難，但這種困難不應攔阻我們的工作。《聖經》中沒有話教訓我們單單向那些賞識並接受我們工作的人行善，或單單加惠於那些感激我們的人。上帝已經差遣我們到祂的葡萄園裡去作工，我們的本分就是當盡到我們一切的能力。「早晨要撒你的種，晚上也不要歇你的手，因為你不知道哪一樣發旺：或是早撒的，或是晚撒的，或是兩樣都好。」（傳道書 11：6）

我們的信心太小了！我們常限制了以色列的聖者，我們應該感謝上帝，祂俯就我們，肯使用我們作祂的器皿。我們每次憑著信心誠懇祈禱，不論是求什麼，必能得到答覆。這答覆未必完全依照我們所期望的來到，但它終必來到——也許不像我們所打算的，但是卻正在我們最需要的時候來到。唉！我們的不信是何等地罪大惡極呀！「你們若常在我裡面，我的話也常在你們裡面，凡你們所願意的，祈求，就給你們成就。」（約翰福音 15：7）

第三十六章 ▪ 更廣大的計畫
Chapter 36. Broader Plans

1874 年，當我在加州的時候，我得到一個印象極深的異夢，看到了印刷所在向世人傳揚第三位天使信息的工作上，其扮演的重要角色和貢獻。

我夢見幾位在加州的弟兄正舉行會議，研究下一季最好的工作計畫。有人認為最好避開大都市，而到較小的地方去工作。我的丈夫則熱切地主張要作更廣泛的計畫，和更遠大的努力，才能更與我們所傳信息的性質相稱。

於是有一位我歷次在夢中見到的年輕人來到會議當中，他以深切的關懷聽取各人所講的話，然後以慎重而具有權威性的自信說：

「城市和鄉村都是主葡萄園的一部分。他們都需要聽到警告的信息。真理的敵人正在千方百計地使眾人轉離上帝的真理而輕信虛謊之言。……所以，你們必須在各水邊撒種。你們或許不能立時看到自己工作的效果，但你們不可因此灰心，要以基督為你們的榜樣。祂曾有很多的聽眾，但跟從的人卻不多。挪亞在洪水之前曾向眾人

傳道一百二十年，但在當時的群眾中，卻只有八人得救。」

那使者繼續說：「你們對於現時的聖工，眼光實在太狹窄了。你們竟試圖將工作計畫局限於自己雙手所能合抱的範圍之內，你們必須放寬眼界。你們不可將燈光放在斗底下或床底下，卻要放在燈臺上，以便照亮一家的人，你們的一家就是全世界。」

「必須將第四誡中所記載的確切真實之要求，清楚地擺在世人面前。『你們是我的見證。』這個信息必要有力地傳到世界各地，傳到奧勒岡州、歐洲、澳洲、各海島，以及各國、各方、各民。務要保持真理的尊嚴，它必發展成為雄偉的規模。許多國家正在等待著主所要傳給他們更清晰的亮光，可惜你們的信心太有限，太微小了！你們對於聖工的概念需要大大地放寬。奧克蘭、舊金山、沙加緬度（Sacramento）、伍德蘭（Woodland），和美國的各大都市都必須聽到這真理的信息。要往前走！如果你們能存心謙卑地行在上帝面前，祂必以大能行事，你們要帶著信心談論那些看似不可能的事，因為在上帝沒有不可能的事。上帝律法所要求的亮光要試煉並考驗全世界。」

在前一次的異象中，我蒙指示我們必須在加州進行推展，鞏固我們已經著手的工作。我看明那必須在加州、澳洲、俄勒岡州，和其他地區推進的佈道工作，遠比我們過去所想像，所預期與所計畫的更加廣泛。我蒙啟示，得知我們現在並沒有跟著上帝所引領的速度向前推進。我蒙啟示，凡相信這信息的人，如果能夠不受到不信和自私的影響，不向仇敵讓步，反而集中所有的力量於一個目標——就是建立現代真理的事業，那麼，這現代真理就必在加州成為一種偉大的力量了。

我看到在太平洋東岸將要出版一份期刊，也要在那裡設立一個

185
36
更廣大的計畫
Broader Plans

健康機構，並創辦一個出版社。

　　時間已經很短促了！所以凡相信這信息的人，應該自覺有嚴肅的義務，要作一位大公無私途的工人，將自己的影響用在正當的一方面，而絕不讓自己的一言一行抵消那些盡力推進上帝聖工之人的努力。本會弟兄們的看法都太狹窄了，他們所期望的不大，他們的信心也太小了。

　　一份在太平洋岸出版的期刊，必能加強這信息的力量與影響。上帝所賜給我們的亮光，若不擺在世人面前讓他們看見，就沒有多少價值。我向你們宣明，我們必須放寬眼界。若是我們只顧到眼前，就不會展望遠處的未來了。

第三十七章 ▪ 將聖工擴展至國外
Chapter 37. Extension of the Work In Foreign Fields

在夜間有話傳給我，要我向一班明白真理的教會說：「興起，發光！因為你的光已經來到！耶和華的榮耀發現照耀你。」（以賽亞書 60：1）

主在〈以賽亞書〉裡的話，乃是對我們講的：「要擴張你帳幕之地，張大你居所的幔子，不要限止；要放長你的繩子，堅固你的橛子。因為你要向左向右開展；你的後裔必得多國為業，又使荒涼的城邑有人居住。不要懼怕，因你必不致蒙羞；也不要抱愧，因你必不致受辱。……因為造你的是你的丈夫；萬軍之耶和華是祂的名。救贖你的是以色列的聖者；祂必稱為全地之上帝。」（以賽亞書 54：2-5）

基督對門徒所講的話，也是對今日祂的子民所講的：「你們豈不說：『到收割的時候還有四個月嗎？』我告訴你們，舉目向田觀看，莊稼已經熟了，可以收割了。收割的人得工價，積蓄五穀到永生，叫撒種的和收割的一同快樂。」（約翰福音 4：35-36）

上帝的子民正面對著一項偉大的工作，這工作必不斷地發展到更光明的地步。我們在佈道工作上所有的努力必須大大地擴充範圍，在我們主耶穌基督第二次顯現之前，有一番比以往更為確切的工作必須完成。上帝的子民不可停止工作，直到他們的工作普及到全球各地為止。

主的葡萄園包括全世界，每一個角落都必須進行工作。有些地方現在還是道德的曠野，而這些地方將要改變成主的園囿。地上荒廢之處都必須開墾，使之如玫瑰發芽開花。新的地區必須經由聖靈所感動的人去開發，新的教堂必須建立，新的教會團體必須組成。就在目前，每一個城市以及地極的遠處，都應有現代真理的代表，全地都將蒙受上帝真理的光照。這光將要照耀到各地各民，而且這光也要從那些已經領受了的人身上照射出去。那晨星已經在我們心裡出現了，所以我們要將它的光閃耀在那些行在黑暗中之人的腳前。

但同時，我們也正面臨著一個危機。我們現在必須靠賴聖靈的能力，宣講這末世的偉大真理。再過不久，人人都要聽到這警告並自作決定，那時末期才來到！

在正確的時機作成正確的事，這就是一切正確信仰的本質。上帝乃是偉大的工作領導者，祂憑著自己的旨意為聖工的完成預備道路，祂賜與機會，倡導種種影響工作的方法並敞開工作的門路。如果祂的子民能隨時守候祂旨意的顯示，並準備隨時與之合作，他們就必看到大工的完成。他們的努力如果獲得正確的指導，就必比將相同的財力與設備，用在上帝所沒有顯著營運的地方，有多出一百倍的成績。我們的工作乃是改革性的，不僅要按照上帝的旨意，而且也要以工作在各方面所表現的優美，向眾人提供具體的例證。特別重要的是，我們在新的地區，須將工作建立穩固，以便正確地彰

顯真理。在我們一切佈道活動的計畫中，都應該記住這些原則。

上帝的守望者必須站在錫安的城牆上，發出警告說：「早晨將到，黑夜也來。」（以賽亞書21：12）這黑夜就是沒有人能作工的黑夜。

有來自遠方國家的呼求說：「請過來幫助我們！」這些人是比較不容易接近，而且也不像那些近在眼前的地區一樣容易接近，可是莊稼已經熟透可以收割了，但他們切不可被忽略了。

我們的弟兄們沒有認識到，他們幫助推進國外的工作，也就是幫助了國內的工作，凡獻身為一個地區開發新工的力量，也必加強別處的聖工。當工人們擺脫經濟方面的困難時，他們的工作範圍就必擴大，當人們被引領接受真理，各教會相繼成立時，經濟力量也就必日益增加了。不久這些教會并但能在自己的區域內推進聖工，而且也能供應其他地區了。這樣，那原來落在國內教會肩上的負擔就彼此分攤開來了。

當人們為國外佈道區的發展，表現一種更慷慨、更克己犧牲的精神時，國內的佈道工作就必在各方面更有進展，因為在上帝的幫助之下，國內的工作多賴於遠方佈道工作所反映的影響。當我們積極供應上帝聖工的需要時，這就使我們自己的心靈接觸到一切能力的天上源頭了。

雖然國外地區的工作還沒有達到應有的進展。但那已有的成績，就足夠作為感恩的緣由得到鼓勵的根據了。那用於這些地區的款項，遠比用在國內的為少，而且工作還是在重大壓力與缺少適當設備的情形之下進行的。然而，若就所給予這些地區的幫助而論，這所有的果效實在是驚人的，我們在佈道事業上的成功，與我們所表現克己犧牲的精神適成正比。

當福音的信息清楚而正確地傳開時，唯有上帝能估計其所有的成效。新的地區已經進入了，積極的工作也推行了。真理的種子已經撒出去了，真理的亮光已經照射在許多人的心上，使他們對於上帝有更寬廣的概念，並對所應培養的品格有更正確的評估。千萬的人們已經被引領認識那在耶穌裡的真理，他們已經充滿了那生發仁愛並潔淨心靈的信心了。

這種屬靈利益的價值實在難以估計。有什麼繩索可以測量所傳之道的深度呢？有什麼量器足以正確地衡量那些皈依真理之人的感化力呢？他們也要成為佈道士，去為別人作工。在許多地方建造會堂。《聖經》──那寶貴的「聖言」，人們也開始查考研究了。上帝的帳幕已經在人間，祂也與他們同住了。

我們當為這些已經展開上帝所能嘉納的工作之地區，而歡喜快樂。我們要奉主的名，為國外聖工的成果而揚起聲來讚美感謝祂。

然而，那從來不會犯錯的「元帥」仍在對我們說：「前進！進入新的地區，在各地高舉旌旗。『興起，發光！因為你的光已經來到！耶和華的榮耀發現照耀你。』（以賽亞書60：1）」

我們的口號，乃是「前進，一直前進！」上帝的使者要走在前面，為我們預備道路。我們永不可卸下那為遠方所負的重擔，直到全地都因主的榮耀而發光。

第三十八章 ▪ 推廣書刊
Chapter 38. Circulating the Printed Page

註：這 篇關於推廣書刊的勉言，最初是為呼召那些受過訓練的文字佈道士而發表的。

1875 年 9 月 12 日在紐約州羅馬鎮（Rome）帳棚聚會的第一天，有好幾位講員向許多注意傾聽的會眾講道。當天夜裡，我夢見一位面容高貴的青年人，在我講道之後，立即來到我的房間裡。他說：

「你們已經使眾人注意到一些重要的問題，在多數人聽來這些問題都是很新奇的。在某些人聽來，它們乃是非常有興趣的。講經傳道的從業人員已經盡力將真理傳開了。但如果不作更徹底地努力，將這些印象牢牢地銘刻在人們的腦中，那麼，你們的努力就近乎徒然了。撒但已經預備了許多悅人耳目的事物來轉移人的注意，今生的思慮和錢財的迷惑，都必匯合起來，把那撒在心中的真理種子擠住。」

「除了你們現在所做的每一項努力之外，你們若同時推廣合宜的讀物，那麼你們的工作就必有更好的斬獲。有關現代各項重要真理的傳單，應該廣為免費散發，送給一切願意接受的人。你們務要在各水邊撒種。」

「印刷品是強有力的工具，能打動人們的思想與心意。今世的人們藉著印刷品，盡量利用種種機會，將有毒害的作品供人閱讀。如果受世俗和撒但精神所影響的人，是如此熱切地推廣敗壞人的書報和刊物，那麼你們豈不應當更加熱誠地，將那具有超拔及拯救人的讀物介紹給人嗎？」

「上帝已經將運用印刷品的便利性賜給祂的子民，印刷品若與其他工具配合，就必在推展真理知識的事上大有成效。務要根據實際情形的需要，將小冊、報刊、書籍等印刷品散發給各城市和鄉村，這是人人都可以參加的佈道工作。」

「應當有人受訓練從事這一方面的工作，一面作佈道士，一面推廣出版物。他們應當是風度良好，不討人厭，也不嫌厭別人的人。必要時，人們可以將全部光陰與精力用在這種工作上，上帝已經將大光交託與祂的子民，這不是單給他們私自享受的，是要讓他們把這亮光照耀其他處在謬道黑暗之中的人。」

「你們這個團體，還沒有盡到應盡的二十分之一的努力，去傳揚真理的知識。一個活躍的傳道人若利用推廣刊物、小冊的方法，則能收到的成效會遠比單憑講道而不採用出版物所斬獲的更多。印刷品乃是一種強有力的利器，是上帝所命定要使之與活躍的傳道人努力相配合，將真理傳給各國、各族、各方、各民。世上有許多人，除非使用這種方法，不然是無法接近他們的。」

「這就是付上精力與財力，而能有最好斬獲的佈道工作。過去太怕冒險，不敢憑信心向前邁進，要在各水邊撒種！過去沒有趁著所遇到的一些好機會而加以善用，過去太怕冒險犯難了。真的信心不是僭越自恃，而是勇敢進取，因為寶貴的亮光和有能力的真理，需要盡速地出版發行，讓世人知道。」

懷愛倫相片紀實

帳棚大會
左：1875年明尼蘇達州老鷹湖的帳棚大會，懷氏夫婦（後面站立者）和烏利亞‧史密斯等人。右上：1888年內華達州富諾的帳棚大會（懷愛倫坐在中間）。右下：1887年摩斯帳棚大會（懷愛倫坐在右邊後面）。

　　他又說：「妳的丈夫在他勉勵別人參與聖工擔負重任的努力上不可灰心。凡為上帝所悅納的人，撒但一定會攻擊的。如果他們斷絕了與上天的聯絡，以致於危害到聖工，他們的失敗絕不會歸咎於妳或妳的丈夫，卻要歸咎於那些埋怨上帝的人，因為他們性情乖僻，既不願了解及面對困難，也不加以克服。上帝曾試圖用這些人來擔任聖工，但結果失敗了，以致給那些無私的忠實分子增添了很重的負擔。他們所造成的妨礙和使人灰心的影響，足以抵消他們過去所有的一切善行而有餘。雖然如此，但這不應攔阻上帝旨意的成就。上帝就是要將這正在發展的工作及其一切憂勞的重擔，分成各個部門，交給相關的人分別去推展，要他們在應該負起工作時就忠心地出力去肩負。這些人必須樂意受教，這樣上帝才能給他們相稱的資格，使他們成聖，並賜給他們聖潔的判斷力，使他們可以奉祂的名推進所擔負的各樣聖工。」

第三十九章 ▪ 勝利的教會
Chapter 39. A View of the Conflict

　　在異象中，我看見有兩隊大軍正在慘烈的搏鬥著，其中一隊的旗幟標著屬世的徽號，另一隊卻由以馬內利大君血染的旌旗領導著。我看見兩軍的旗幟，一面一面地被拖曳在塵埃之中，同時，也看見主的軍兵一隊一隊地投入了敵軍陣營，而從仇敵的陣營中，也有軍兵一支一支地與守上帝誡命的人聯合起來。有一位天使飛在空中，將以馬內利的軍旗放在許多人的手中，同時，一位大有能力的將軍也在大聲喊叫說：「列隊！凡是忠心守上帝誡命，為耶穌作見證的，現在要固守自己的崗位。你們務要從他們中間出來，與他們分別，不要沾不潔淨的物，我就收納你們，我要作你們的父，你們要作我的兒女。但願人人都來幫助耶和華，幫助耶和華攻擊勇士。」

　　戰爭酣烈，雙方互有勝負。有時十字架的軍兵敗退了，「好像拿軍旗的昏過去一樣。」（以賽亞書10：18）但他們顯然是以退為進，取得了更有利的陣勢，只聽得傳來陣陣歡呼之聲。當基督的精兵將祂的旌旗豎立在那一向為敵人固守的城堡上時，便揚起一片讚美上帝的歌聲，又有眾天使的聲音相和著。我們救恩的元帥在指導戰爭，

並聲援祂的軍兵。祂大展神能，激勵他們使軍隊迫近城門，逐步率領他們，勝了又勝，又以威嚴秉公義教導他們。

最後的勝利終於得到了！那跟從在軍旗上題著「守上帝誡命和耶穌真道」的一隊大軍，獲得了光榮的勝利，基督的精兵行近了城門，這城也歡歡喜喜地迎接她的君王，和平快樂永遠公義的國度得以建立了。

勝利的教會

現今教會也是從事戰爭的。日前我們正對抗著一個處在午夜幽暗，幾乎完全沉迷於偶像崇拜的世界。然而，終有一日，戰爭要結束，勝利要獲得，上帝的旨意要行在地上，如同行在天上，萬邦除了天國的律法以外，不再承認別的律法。眾人要聯合成為一個快樂團圓的家族，以讚美感謝為衣──就是基督的義袍，整個自然界要以其優越的美善，經常地向上帝獻上頌讚和崇拜。而全世界要同沐天上的恩光，歡度那無盡的歲月，那時月光必像日光，日光也要比現在增加七倍。宇宙看到這樣的景象，晨星就一同歌唱，神的眾子也一同歡呼，同時上帝和基督也聯合宣告說：「不再有罪惡，也不再有死亡了。」

警醒守望

這就是天使所指示給我的景象。然而教會必須要與那看得見和看不見的仇敵爭戰，那化成人形之撒但的爪牙，已經上陣了。世人已結盟要反抗萬軍之耶和華，這些聯盟必延續下去，直到基督離開在施恩座前作中保的位置，披上復仇的外袍為止。撒但的爪牙現今正在各城市之中，忙於將那班反對上帝律法的人組織成黨派。不少自命為聖徒和不信者，都列身於這些黨派中，上帝的百姓再也不能

示弱了，我們必須時時提防，一刻也不能懈怠。

「你們要靠著主，倚賴祂的大能大力作剛強的人。要穿戴上帝所賜的全副軍裝，就能抵擋魔鬼的詭計。因我們並不是與屬血氣的爭戰，乃是與那些執政的、掌權的、管轄這幽暗世界的，以及天空屬靈氣的惡魔爭戰。所以，要拿起上帝所賜的全副軍裝，好在磨難的日子抵擋仇敵，並且成就了一切，還能站立得住。所以要站穩了，用真理當作帶子束腰，用公義當作護心鏡遮胸，又用平安的福音當作預備走路的鞋穿在腳上。此外，又拿著信德當作盾牌，可以滅盡那惡者一切的火箭；並戴上救恩的頭盔，拿著聖靈的寶劍，就是上帝的道；」（以弗所書6：10–17）

「我所禱告的，就是要你們的愛心在知識和各樣見識上多而又多，使你們能分別是非，作誠實無過的人，直到基督的日子；並靠著耶穌基督結滿了仁義的果子，叫榮耀稱頌歸與上帝。」（腓立比書1：9–11）

「只要你們行事為人與基督的福音相稱，……同有一個心志，站立得穩，為所信的福音齊心努力。凡事不怕敵人的驚嚇，這是證明他們沉淪，你們得救都是出於上帝。因為你們蒙恩，不但得以信服基督，並要為祂受苦。」（腓立比書1：27–29）

際此末期，我們竟能看見未來榮耀的異象顯現，這乃是上帝的手所描述的景象，也是教會理當珍視的。那在上帝的兒子被賣受審時，支持祂的是什麼呢？——因祂看見了自己勞苦的功效，便心滿意足。祂展望到永久的未來，並看到那些將要因祂的屈辱而得蒙赦罪，承受永生之人的快樂光景。所以「祂為我們的過犯受害，為我們的罪孽壓傷。因祂受的刑罰，我們得平安；因祂受的鞭傷，我們得醫治。」（以賽亞書53：5）祂的耳朵聽到了贖民的勝利吶喊，祂

聽到了得贖之人歡唱摩西和羔羊的歌。

我們必須展望到未來的遠景和天國的福祉。要站在永恆世界的邊緣上，靜聽那給與凡在今生與基督合作，並因能為祂受苦，而感覺無上光榮之人的親切歡迎詞。當他們與眾天使會合時，他們要將頭上的冠冕投在救贖主的腳前，說：「曾被殺的羔羊是配得權柄、豐富、智慧、能力、尊貴、榮耀、頌讚的。……但願頌讚、尊貴、榮耀、權勢都歸給坐寶座的和羔羊，直到永永遠遠！」（啟示錄 5：12-13）

在那裡，蒙贖的人要迎見，那些曾經指導他們，去親就那被舉起來的救主之人。他們要同聲讚美那位曾經捨命，為要使人類承受那與上帝生命相稱之生命的主。爭戰過去了，一切的患難和紛爭也都止息了。當贖民繼續在上帝寶座四圍的時候，勝利的歌聲要洋溢天庭，人人都要唱那快樂的詩歌：「那曾被殺而復活得勝的羔羊，是配得榮耀的！」

「此後，我觀看，見有許多的人，沒有人能數過來，是從各國、各族、各民、各方來的，站在寶座和羔羊面前，身穿白衣，手拿棕樹枝，大聲喊著說：『願救恩歸與坐在寶座上我們的上帝，也歸與羔羊！』」（啟示錄 7：9-10）

「這些人是從大患難中出來的，曾用羔羊的血把衣裳洗白淨了。所以，他們在上帝寶座前，晝夜在祂殿中事奉祂。坐寶座的要用帳幕覆庇他們。他們不再飢，不再渴；日頭和炎熱也必不傷害他們，因為寶座中的羔羊必牧養他們，領他們到生命水的泉源，上帝也必擦去他們一切的眼淚。」「不再有死亡，也不再有悲哀、哭號、疼痛，因為以前的事都過去了。」（啟示錄 7：14-17；21：4）

第四十章 ▪ 懇摯努力的報償
Chapter 40. The Reward of Earnest Effort

「人⋯⋯所建造的工程若存得住，他就要得賞賜。」（哥林多前書3：14）那些忠心的工人聚集在上帝和羔羊的寶座前，他們所得的賞賜真是榮耀極了。當仍在肉身的約翰見到上帝的威榮之時，就仆倒在地，像死了一樣，因為他受不住這威榮。但是到上帝的子民得了不朽壞生命以後，他們就要「得見祂的真體」（約翰一書3：2）。他們必站在寶座前，在愛子裡蒙悅納，他們一切的罪惡都被塗抹了，一切的過犯都被擦掉了。現在他們可以清楚地看見

懷愛倫相片紀實

多結果的一生
左：1907年懷愛倫與家人合照
中上：1909年懷愛倫與其他人攝於田納西州麥廸遜
中下：1909年總會代表大會懷愛倫與澳洲同工
右：1910年懷愛倫坐在馬車中，準備出門

懷愛倫相片紀實

基督徒經驗談
懷愛倫的信仰旅程

多結果的一生

上：1913 年懷愛倫與家人、助手合照
下左：懷愛倫手稿：她提到聖靈是有位格的三位一體
下右：1915 年懷愛倫在逝世前躺臥在加州家中的二樓走廊

上帝寶座的榮光。他們曾與基督共患難，在救贖的
計畫中與祂同工，也必與祂同享那目睹許多在上帝
國中得救之人的快樂，在那裡他們要一起頌讚上帝
直到永永遠遠。

贖民的快樂

我的弟兄，我的姊妹：我勸你們預備迎接那乘雲而來的基督。你們要天天拋棄那貪愛世界的心，要從經驗上明白與基督相交究竟有什麼意義。當為審判而作準備，以致基督降臨，在一切相信祂的人身上顯為可羨慕的時候，你們也可加入那安然見主的人群之中。到那日，凡被救贖的人，必發出聖父聖子的榮光。天使也要彈奏金琴，迎接主和祂的戰利品——就是那些在羔羊之血中洗白淨的人。那時，凱旋的歌聲洋溢在全天庭之中，基督戰勝了！祂帶著所贖的人同入天庭，這些人就是見證祂所作的犧牲，和祂所受的苦難，終究不是徒然的。

主的復活與升天，乃是上帝的聖徒戰勝死亡與陰間的確據，也是保證天國的門仍然對那曾用羔羊的血，把自己品格的衣裳洗淨的人開著的。耶穌升到天父面前作人類的代表，上帝也必使凡反映祂形像之人目睹和同享祂的榮耀。

世上寄居的客旅乃是有家可歸的。義人必身穿義袍，頭戴榮冠，手執得勝的棕樹枝。在未來的世界中，我們就會明白在上帝美意之下所遭遇的困惑，究竟有何用意。難懂的事也都能得到解釋了，那種種恩典的奧祕也都能向我們顯明。我們這有限的心思所看出的，只是混亂與背約，到那時就會變成毫無瑕疵與美妙的和諧了；到那時我們就會知道現在所受的似乎是極其困難的經驗，但無非是無限慈愛使我們有所次序；到那時我們便看出上帝是如何地眷顧我們，如何地使萬事都互相效力，叫我們得益處，我們就有說不出來「滿有榮光的大喜樂」（彼得前書 1：8）。

在天上的氛圍之中，沒有痛苦存在的餘地。在被贖之民的家鄉決沒有流淚、喪葬，以及悲哀的表號。「城內居民必不說，我

懷愛倫相片紀實

多結果子的一生
1915年

左：位於橡山的懷愛倫墓園　　　右上：懷愛倫的告別禮拜
下：懷愛倫的追思禮拜　　　　　右下：來參加喪禮的人們

病了；其中居住的百姓，罪孽都赦免了。」（以賽亞書 33：24）大量澎湃的喜樂之潮必長流不竭，愈來愈深。

我們現在仍處於各種屬世的紛擾與陰影之中，但願我們極其熱切地想念到那將來的福祉；但願我

們以信心穿透一切烏雲，仰望那位為世人之罪而死的主。祂已為凡接待相信祂的人開了樂園的門，並且賜給他們作上帝兒女的特權；更願我們所遭受的一切難堪的苦楚都成為有益的教訓，足以教我們向前努力去得上帝在基督裡召我們來得的獎賞。但願主必快來的這個盼望激勵我們；但願這希望使我們的心中快樂。「因為還有一點點時候，那要來的就來，並不遲延。」（希伯來書 10：37）等到主人來了，看見僕人警醒等候，那僕人就有福了。

在歸途中

我們正在歸途中。那愛我們甚至為我們而死的主，已為我們建造了一座城。新耶路撒冷便是我們安居之所，在上帝的城中必不至有憂傷，也沒有痛苦的嘆息；絕望的悲鳴和失戀的哀歌，永不會再入我們的耳中。我們這愁苦的外袍，即將換成婚姻的禮服，我們也即將親眼看見我們的大君王加冕。凡已將生命藏在基督裡的人，凡曾在世上為真道打過那美好之仗的人，必在上帝的國中發出救贖者的光輝。

再過不久，我們就要親自會見那位永生希望所寄之主了。在祂的面前，今生一切的艱難困苦都不足介意了。「所以，你們不可丟棄勇敢的心；存這樣的心必得大賞賜。你們必須忍耐，使你們行完了上帝的旨意，就可以得著所應許的。因為還有一點點時候，那要來的就來，並不遲延；」（希伯來書 10：35-37）要向上看！因為向上看，會使你們的信心不住地增加。讓這信心引導你們走上那條通往上帝之城的門，達到為被贖者所預備的偉大無窮未來榮耀的窄路上。「弟兄們哪，你們要忍耐，直到主來。看哪，農夫忍耐等候地裡寶貴的出產，直到得了秋雨春雨。你們也當忍耐，堅固你們的心，因為主來的日子近了。」（雅各書 5：7-8）

附錄一 ▪ 預言的恩賜
Appendix 1. The Prophetic Gift

　　起初上帝創造人類，又將人安置在伊甸園的時候，他是可以直接地與創造主和眾天使面對面交談的。等到罪惡進入世界，這特權就被撤回了，人就成了必死的，不能瞻仰上帝不可思議的榮耀，也不能在祂的面前生存。

　　墮落的人類雖然不能與上帝直接交談，但我們慈愛的天父卻始終保持著與人類的交往。透過聖天使的服務，上帝已保護人類脫離邪惡的勢力，並幫助人類遵照祂的旨意而生活。祂藉著聖靈為媒介，向人的心靈講話，並使那罪惡深重而又愚昧的人，也能找到那導向義行與永生的道路。

　　上帝也藉著所揀選的代言人向墮落的人類說話，在異象和異夢中將有關祂旨意的知識傳給他們。這些傳達祂旨意的人通稱為神人或先知，他們是主親自分別出來，特別擔任領受從天而來的信息，並將它傳給人類的。上帝說：「你們中間若有先知，我耶和華必在異象中向他顯現，在夢中與他說話。」（民數記 12：6）

《聖經》乃是上帝特別選召一些人，藉著他們的手著書寫作，將之所匯集而成的一本鉅著。這些人曾向他們當代的人傳講上帝所賜的信息，同時他們也曾向未來的教會傳出許多屬靈的真理，並留下了勸勉和警告。「眾先知……」「得了啟示，知道他們所傳講的一切事，不是為自己，乃是為你們。那……傳福音給你們的人，現在將這些事報給你們。」（彼得前書 1：10，12）

在族長時代

　　預言的恩賜不限於任何一個時代。在《聖經》最早的記錄中，我們已經可以看到它顯現的實例。亞當的七世孫以諾乃是個先知，他曾展望到以後的世世代代，在異象中看到主的降臨，以及在那不敬虔的人身上施行最後審判的事（參閱猶大書 14-15）。

　　主曾在異象中向亞伯拉罕、以撒、雅各顯現，預言到那將要臨到他們子孫的福惠。祂曾與這些子孫重申祂所立的約，他們就被引領去仰望義人最後的賞賜，並遠遠望見上帝所經營所建造之天城的榮耀（參閱希伯來書 11：10）。

　　蒙上帝揀選率領以色列人出離埃及為奴之地，進入迦南的摩西，也是一位大有能力的先知。他論到彌賽亞的來臨說：「耶和華你的上帝要從你們弟兄中間給你興起一位先知，像我，你們要聽從他。」（申命記 18：15）上帝曾將許多啟示賜給這位忠心的人，雖然神的榮耀未曾完全向他顯現，但《聖經》說上帝曾和他「面對面」說話（參閱申命記 34：10）。

　　在以色列人定居迦南之後，那包圍著他們的拜偶像之人的影響，使他們轉離了真神，去崇拜日、月、星辰和許多用金、銀、木、石所造的偶像。這樣，他們就違犯了上天為他們的好處所賜下的誡命。

當上帝看到選民漸漸遠離了他們的創造主和施恩主，而趨於滅亡的途徑時，祂的慈心就不勝傷痛了。

在當時普遍性的背道風氣中，還有少數的人保持著效忠耶和華的心，於是上帝就從這些人中揀選了先知，委派他們去呼召眾人悔改，並對他們的行為所必然招致的禍害予以警告。「耶和華他們列祖的上帝，因為愛惜自己的民和祂的居所，從早起來差遣使者去警戒他們。」（歷代志下 36：15）

以色列最傑出的先知中有撒母耳、以利亞、以利沙、以賽亞、耶利米、以西結和但以理。他們曾用動人的話語號召眾人轉離自己的惡行，並向他們保證耶和華一定會開恩收納，賜福給他們，並要醫治他們背道的病。這些先知的著作中，也有一些是特別適合我們現時代的。他們曾講論到「末後的日子」和「末時」的事（參閱以賽亞書 2：2；但以理書 12：4）。

在基督第一次降臨的時代

舊約時代最後一位先知乃是瑪拉基。根據所有的歷史資料，在基督降生之前形式主義盛行的一段時期中，並沒有預言之恩賜的顯現。但在彌賽亞降生的前夕，上帝就差派了先知來為祂預備道路。施洗約翰的父親撒迦利亞「被聖靈充滿，就預言說」（路加福音 1：67）。西面乃是一個「又公義又虔誠」的人，他「素常盼望以色列的安慰者來到」，他受了聖靈的感動進入聖殿，講述有關耶穌的預言，說「是照亮外邦人的光，又是你民以色列的榮耀」。女先知亞拿也曾「將孩子的事對一切盼望耶路撒冷得救贖的人講說」（參閱路加福音 2：25，32，38）。各世代先知中沒有比施洗約翰更大的，他蒙上帝揀選向以色列宣佈「上帝的羔羊，除去世人罪孽的」主之來臨（約翰福音 1：29）。

在使徒時代

基督教時代的開始，有聖靈的沛降和各種屬靈恩賜的顯現為標記。在這些恩賜之中，也有預言的恩賜，在〈使徒行傳〉一書中，我們可以讀到早期基督教會中的彼得、司提反，以及其他的人出於聖靈之感動所講的話，又有腓利的四個女兒，「都是處女，是說預言的」（使徒行傳 21：9），也有關於先知亞迦布的事。

使徒保羅曾看見有關天國的異象（哥林多後書 12：1-7）。他在〈哥林多前書〉第十二章中，詳細討論聖靈的恩賜，說明這些恩賜不是單賜給一個世代的，而要繼續延伸「直等到我們眾人在真道上同歸於一，認識上帝的兒子，得以長大成人，滿有基督長成的身量」的時候（以弗所書 4：13）。「上帝在教會所設立的：第一是使徒，第二是先知，第三是教師，其次是行異能的，再次是得恩賜醫病的，幫助人的，治理事的，說語言的」（哥林多前書 12：28）。

耶穌的十二使徒中，最後生存在世的約翰也是先知。在《聖經》的最後一卷書中，他講述他被放逐到拔摩島時所得的異象，他將這些異象記錄下來，並說明這都是「耶穌基督的啟示，就是上帝賜給祂，叫祂將必要快成的事指示祂的眾僕人。」他又說道，基督「就差遣使者曉諭祂的僕人約翰。約翰便將上帝的道和耶穌基督的見證，凡自己所看見的都證明出來。」（啟示錄 1：1-2）

消失於大背道的時代

《聖經》預言將有一個大背道時期，這種現象在使徒時代已經開始顯露了，那時在教會中有某些假弟兄出現，至終發展到保羅寫信給帖撒羅尼迦人所說的「離道反教」，並有「那大罪人，就是沉淪之子」顯露出來的地步（參閱帖撒羅尼迦後書 2：1-7）。

這些預言果然應驗了，根據歷史的記載，在耶穌的使徒中最後一個逝世之後，教會中的一些信徒就開始偏離基督所教導之純正的真理，於是這些信徒就漸漸在邪教的風俗上與世界聯合了。

隨著歲月的流轉，教會數目增加，工作順利，所以許多人在遵守《聖經》教訓的事上就愈來愈鬆懈了。直到最後，在主後第五和第六世紀中，大多數自稱為基督徒的人，他們的生活實際上已與基督的教訓不符了。此後的好幾世紀中，一種背道的基督教就大為得勢，真理被抑制而淹沒，愚妄的事卻盛行了。

這幾世紀離道反教的時期，在歷史上通稱為「黑暗時代」是頗為適當的。在此時期內，屢次有人企圖刪改或廢除《聖經》中的許多基本教訓。在這種情形之下，正如基督第一次降臨之前的幾世紀中，預言恩賜的顯示幾乎全然消失，實不足為奇。

末世預言恩賜的恢復

《聖經》雖然預言到這一段可怕的背道時期，但它也清楚地指出在基督復臨的前夕，許多人要從謬道和迷信之中被拯救出來，全地要再度因上帝的榮耀而發光。《聖經》中的純正真理要被照耀出來。際此臨近末日的時代，我們將特別蒙上天的光照，聖靈的恩賜要在真教會裡再度顯現。「上帝說：在末後的日子，我要將我的靈澆灌凡有血氣的。你們的兒女要說預言；你們的少年人要見異象；老年人要做異夢。在那些日子，我要將我的靈澆灌我的僕人和使女。」（使徒行傳 2：17-18；約珥書 2：28-29）

先知約翰曾用清楚的詞句提到「其餘的兒女」，或末後的教會，他們「就是那守上帝誡命、為耶穌作見證的」（啟示錄 12：17）。在另外一處，這同一位作者又將「為耶穌作見證的」意義，作為明

白的解釋。當約翰想拜那在異象中向他顯現的天使時，天使對他說：

「千萬不可！我和你，並你那些為耶穌作見證的弟兄同是作僕人的，你要敬拜上帝。」（啟示錄 19：10）

在另一次相同的情況之下，這位天使又說：

「千萬不可！我與你和你的弟兄眾先知……同是作僕人的。」（啟示錄 22：9）

這兩段經文的意思乃是相同的。在一節裡，說約翰的「弟兄」是擁有「耶穌的見證」的，但在另一節中，這些「弟兄」卻被稱為「眾先知」。

由此可見，那「有耶穌的見證」的人就是「眾先知」，而且這位向約翰顯現的天使，很明顯的，必是專門傳信息給眾先知的那位天使——無疑地，他就是那曾向但以理顯現的加百列。（參閱但以理 8：16；9：21）這同一位天使更告訴約翰說：「預言中的靈意乃是為耶穌作見證。」（啟示錄 19：10）

我們拿「為耶穌作見證」這一句話，和〈啟示錄〉十二章十七節所說「其餘的兒女……就是那守上帝誡命、為耶穌作見證」的話一同研究之後，就可得出以下的結論：在基督復臨之前，祂的真教會必定遵守祂的誡命，同時又擁有預言之靈的恩賜。

《聖經》中有關世界歷史末期的兆頭與事件的迅速應驗，乃是確鑿的憑據，證明我們所處的時代乃是末世了。因此，現今理應有一班守上帝誡命和耶穌真道——就是擁有預言之靈的人——這群基督徒出現。請問從那裡可以找到這班人呢？

附錄二 ▪ 接受《聖經》的考驗
Appendix 2. Tasted by the Word

　　由於許多妄稱受教於上帝之人所造成的狂熱現象，許多善良的人對於任何受神聖啟示之人的宣述，深表懷疑或全然不信。凡尋求真理者固應提防假先知和假教師的欺騙，同時也要謹慎，以免不能辨識真的。使徒寫道：「不要藐視先知的講論。但要凡事察驗；善美的要持守。」（帖撒羅尼迦前書5：20–21）

　　本乎上述的指示，基督徒應該毫不偏頗地思考今日復臨運動得蒙神引領的憑證，以及與這運動有關之預言恩賜的啟示。若忽視聖靈藉這恩賜所有的成就，那是危險的。但也有勸戒我們的話說：「你們要防備假先知。他們到你們這裡來，外面披著羊皮，裡面卻是殘暴的狼。」其察驗的方法乃是「憑著他們的果子，就可以認出他們來。」（馬太福音7：15，20）

　　人若想在一個卑劣的欺騙者身上，尋得純正的真理和使人成聖的能力，不啻在荊棘上摘葡萄，在蒺藜裡摘無花果。「凡好樹都結好果子，唯獨壞樹結壞果子。好樹不能結壞果子；壞樹不能結好果子。……所以，憑著他們的果子就可以認出他們來。」（馬太福音7：

17–20）

　　哈門姊妹，婚後稱為懷愛倫師母，積極參與聖工，歷七十年之久。其中六十年在美國，十年在歐洲和澳洲。在這悠長的歲月中，她多次得蒙她所深相信是來自上天的啟示，遂將這些啟示據實地寫了下來，以訓導眾教會。這些著作多半已經出版，並且廣為銷行，也有千萬人根據《聖經》，相信我們正處於世界歷史的末頁，並認定懷師母為上帝的代言人，藉著預言之靈向她的餘民教會發言。此一信念是值得考慮的。而且她工作的實質應該以她的生活、教訓和所得的啟示為察驗的根據。

　　懷愛倫師母一向希望人以《聖經》來作為試驗她工作與教訓的標準。她寫道：「應當按著證言所結的果子來判斷它們。證言教訓的精義是什麼？它們感化的結果是什麼？……上帝若沒有教導祂的教會，責備其過失並加強其信心，便是這教會是不屬於上帝的。若這工作不是屬於上帝的，那它便是屬於撒但的，上帝與撒但不能同夥合作。我的工作……若是沒有上帝的印記，便是有仇敵的印記。這件事不能妥協，也沒有折衷的。」

　　「主曾藉著預言之靈在我面前親自顯現了過去、現在，及未來之事。我蒙指示見過一些從未見過的面貌，到了幾年之後，我一見到他們就認識他們。我曾從沉睡中被喚醒，對於以前腦中所想過的題目，有了生動的感覺，我曾在半夜寫信，寄往大陸的另一方，而在危機臨頭之時到達，使上帝的聖工免受大害。這就是我多年來的工作。有一種能力激動我，去斥責那些我從未想過的錯誤。這工作……究竟是出於上頭的，還是出於地上的呢？……那些真心要明白真理的人，必得充分的憑據，足資徵信。」（《教會證言》卷五，原文第 671、672 頁）。

高舉基督

福音的大旨乃是上帝的兒子耶穌基督道成肉身，以後「基督在你們心裡成了有榮耀的盼望。」「因為上帝本性一切的豐盛都有形有體地居住在基督裡面，你們在祂裡面也得了豐盛。」（歌羅西書1：27；2：9-10）人接受或拒絕這一項真理，乃是上帝所指定為自稱有預言恩賜之人的試驗。

使徒約翰寫道：「一切的靈，你們不可都信，總要試驗那些靈是出於上帝的不是，因為世上有許多假先知已經出來了。凡靈認耶穌基督是成了肉身來的，就是出於上帝的；從此你們可以認出上帝的靈來。凡靈不認耶穌，就不是出於上帝。」（約翰一書4：1-3）

假先知並不高舉基督。他們寧願使人注意他們自己。他們「說悖謬的話，要引誘門徒跟從他們」（使徒行傳20：30）。為要達到這個目的起見，他們所有的教訓都是專門討好那些心裡說：「對先見說：不要望見不吉利的事，對先知說：不要向我們講正直的話；要向我們說柔和的話」（以賽亞書30：10）的人。這些假先知和假教師是「屬世界的，所以論世界的事，世人也聽從他們」（約翰一書4：5）。

懷師母的教訓乃承認並高舉基督為罪人唯一的救主。除了基督之外，「天下人間，沒有賜下別的名，我們可以靠著得救。」（使徒行傳4：12）在她自己為救主所做的工作上，她實踐了她所傳給其他傳道弟兄們以下教訓：

「基督被釘，基督復活，基督升到諸天之上，以及基督復臨等這些題旨，應當軟化及充滿傳道人的心靈，使之歡樂，以致他能本著仁愛和懇切，向人傳揚這些真理。這樣，耶穌就被表現出來，人

就不再見那傳道人了。你們這教導人的應當高舉耶穌，在講道、唱詩、祈禱上，都要高舉祂。要運用你全副的精力，向那模糊、惶惑、迷亡的人們，指出『上帝的羔羊。』應當高舉那復活的救主，並對聽的人說，來就那『愛我們，為我們捨了自己』（以弗所書5：2）的主。應當把救恩列為每次講道的重心，同時也可作為每首詩歌的主題。每回祈求也當將這事盡情地傾述出來。在你們所講的道中，不可另加別的來補充基督，因為祂乃是上帝的智慧與能力。要將生命的道表明出來，顯明耶穌是悔改之人的希望，相信之人的保障。要向那些在苦難及絕望中的人，顯示平安的道路，指明救主的恩典和全備。」（《傳道良助》第 159、160 頁）

「訓誨和法度」

公義的仇敵其一貫的計策，就是要使人忽視耶和華律法的要求。反之，上帝常藉祂的先知設法使人體會到祂永久不變的律法之公義要求。《聖經》論到祂古時的子民說：「耶和華藉眾先知、先見勸戒以色列人和猶大人，說：『當離開你們的惡行，謹守我的誡命律例，遵行我吩咐你們列祖，並藉我僕人眾先知所傳給你們的律法。』」（列王紀下 17：13）

際此人人忽視上帝律法無上權威的今日，懷師母卻堅毅而無畏地努力將上帝律法的神聖性質喚起人們的良知。她向公眾講道時，不斷地強調這律法的不變性，以及人們靠基督的能力遵守其中的每一條之必要。她論到律法與福音的關係說：

「律法的原則已在基督的生活中顯明瞭；當上帝的聖靈感化人心；基督的光，顯明人需要那使人潔淨的血和使人稱義的義時，律法仍然是引我們到基督面前的訓蒙師傅，使我們因信稱義。『耶和華的律法全備，能甦醒人心。』」

「耶穌說：『就是到天地都廢去了，律法的一點一畫也不能廢去，都要成全。』在天空照耀著的太陽和人們所居住的大地，都是上帝的見證，證明祂的律法是不變的，是永久的。縱使太陽和地球廢去，而上帝的律法仍將永遠長存。『天地廢去較比律法的一點一畫落空還容易。』（路加福音 16：17）那些指明耶穌為上帝羔羊種種預表性的制度，在耶穌釘死時都要廢去。但是十誡的律法卻像上帝的寶座一樣，是永不更改的。」（《歷代願望》第 309 頁）。

尊重《聖經》

懷師母的著作常以《聖經》為一切屬靈真理的源頭。這些著作充滿了她所引證的經文，她對於這些經文也從來沒有加以離奇地強解。基督復臨安息日會的信徒絕不以她的著作為《聖經》的補編，也不以研究這些著作來代替研究《聖經》。她自己寫道：

「《聖經》足能光照那最為昏迷的心智，凡願意明白的人都能明白。雖然如此，但有一些自稱研究《聖經》的人，卻在生活上恰好違背了其中最明顯的教訓。所以上帝為要使他們無可推諉，再賜給他們坦率，明確的證言，叫他們轉回來順從他們疏忽了的經訓。」「這些證言不是要減輕上帝的話，而是要高舉吸引人來注意這話，使真理的單純與美妙可以感動眾人。」

「我們的警句應當是：『人當以訓誨（英文譯作「證言」）和法度為標準；他們所說的，若不與此相符，必不得見晨光。』（以賽亞書 8：20）我們有一部滿載極寶貴真理的《聖經》，它含有知識的阿拉法與俄梅戛（即「始」與「終」）。『聖經都是上帝所默示的，於教訓、督責、使人歸正、教導人學義都是有益的，叫屬上帝的人得以完全，預備行各樣的善事。』（提摩太後書 3：16-17）所以，我們應當用《聖經》作讀本。」

她寫給她傳道的弟兄們說：「不可提倡基督未曾說過，及在《聖經》上無根據的理論或試驗的方法。我們有偉大莊嚴的真理要傳給眾人。當向每一個人徹入心坎地說明『經上記著說』乃是試驗的準則。我們當以《聖經》為嚮導；當尋求『耶和華如此說』。人的方法已經夠多了。單單受屬世學問訓練的頭腦，不能明白屬上帝的事；但這個頭腦如果悔改成聖了，就會看出《聖經》中的神能來。」（《傳道良助》第 308、309 頁）。

預言的應驗

　　鑒別真神與假神之間的特徵之一，就是真神能夠將過去和未來的事正確地啟示給世人。耶和華曾藉先知以賽亞向異邦所敬奉的諸神挑戰說：「可以聲明，指示我們將來必遇的事，說明先前的是什麼事，好叫我們思索，得知事的結局，或者把將來的事指示我們。要說明後來的事，好叫我們知道你們是神。」這些假神既做不到這一點，耶和華便說：「看哪，你們屬乎虛無；你們的作為也屬乎虛空。那選擇你們的是可憎惡的。」（以賽亞書 41：22-24）

　　上天所定察驗上帝真先知的方法之一，就是他所講的話是否應驗。上帝曾藉偉大的先知摩西向古代以色列人說：

　　「你心裡若說：『耶和華所未曾吩咐的話，我們怎能知道呢？』先知託耶和華的名說話，所說的若不成就，也無效驗，這就是耶和華所未曾吩咐的，是那先知擅自說的，你不要怕他。」（申命記 18：21-22）

　　有許多例子可以用來證明上帝所賜給懷師母的先見之明。她時常在異象中看到她所不認識的人。後來她在出外旅行的時候遇見了這些人，於是她就將在異象中所得到有關他們的信息傳給他們——

這些信息都顯明她很熟悉他們的行為和動機，這種知識是她不可能從旁人得到的。

在懷師母早年從事聖工的時候，只有她和她丈夫懷雅各，以及貝約瑟牧師是復臨運動的發起人，傳揚安息日的真理，當時，此運動力量甚微，而關於這個運動未來的發展卻啟示在她面前了。1848年11月1日，在麻塞諸薩州多切斯特城的一次聚會中，懷師母得到了一個異象，看見這信息以初升旭日為象徵，愈照愈明，直到普及全球。

她出離異象之後，便告訴丈夫說，主要他開始印行一個小報刊，並說明這種印行真理的工作必要發展，直到它像一道一道的光芒環繞全世界。在人看來，這是一個大膽的預言。那時信徒很少，他們的經濟能力又極微薄，他們的信仰也不為大眾所歡迎。但那凡事都能的上帝，已經奇異地實現了祂的話，從那時直到現在，本會文字佈道的工作逐步地發展著，直到在全世界滿載真理之書刊的發行數量，每年總值達已超過七百萬美元。

懷師母根據所見的異象，很早就生動地形容基督復臨安息日會的信徒在主復臨之前所必有的經驗。在當年通靈術最初在紐約州出現的時候，她就看到這種邪術所產生的迅速發展。她曾預言到當時享有完全宗教自由的國家中，將來要透過制定新律法，強迫人遵守星期日。諸如此類的預言都已經刊印成書，並且廣為發行。隨之發生的許多時事已經證明她所講預言的真實性，這些預言的應驗，也使我們堅信她所說有關本會最後勝利的預言也必照樣應驗。這個運動的興盛，均是透過她藉著口舌筆墨所傳給本會領袖和同工的勸勉與訓誡而來。

在異象中的情形

懷師母常在許多見證人面前見到異象，尤其是在她早年工作時期往往如此。在這種情形之下，她對於當時的環境是完全沒有知覺的。但她在說明她所見到的景象時，也時常以優雅的儀態往來行走。她具有超人的體力。常有強壯的男子上去試圖推她的手臂，使之改變姿勢，但終屬徒然。有一次在緬因州托普縣的柯提司弟兄家中，她從櫃子上取下來一本重達十八磅的《聖經》，用左手舉起高過頭部，用右手來回翻揭書頁。她舉目望著上空，用右手指出數處經文，正確地逐一宣讀出來。平常靠她自己的能力用雙手也不容易舉起這部《聖經》；但在異象中，她竟以超自然的能力用左手舉起《聖經》達三十分鐘之久。

懷師母在敘述她所見的異象時，常提到一位教導她的大使，稱他為「陪同我的天使」，或「我的指導」或「我的嚮導」，這些稱謂乃是指著一位始終作她的嚮導和教導者的光明榮耀之天使講的。

懷師母雖然常在異象中講話，但講話時口裡沒有氣息。1854年6月26日在紐約州的羅徹斯特城見異象時，有兩位醫生試圖證明她的肺裡依然有氣息。他們所使用的種種試驗方法之一，就是將一枝點著的蠟燭放在她嘴前，以不灼傷她的嘴唇為原則，試圖盡量挨近她的嘴唇。當時她雖大聲講話，而燭焰毫不顫動。她出離異象的頭一個現象就是深深地吸一口氣，過幾秒鐘之後，她就再吸一口氣，於是她便逐漸恢復正常的呼吸了。

這些生理方面的現象，與但以理見異象的情形相同。猶如他在他的預言書第十章所敘述的一樣。他提到自己首先失去氣力，然後有一位天使出現賜他超乎常人的能力。他說：「我一見異象就渾身無力，毫無氣息。有一位形狀像人的又摸我，使我有力量。」（但

以理書 10：17-18）

一位目擊者的見證

一位終身的老同工史密斯‧烏利亞對於懷師母所領受的恩賜作了以下的見證：

「盡人之所能做到的諸般試驗，證明了這些異象是真實的。所有的證據，無論是內在的或外表的，都是確切無誤的。它們與《聖經》符合而不相矛盾。這些異象的賜與乃是在聖靈特別臨格之時，除非那些有資格從事鑑別的人，從頭至尾都受了欺騙。所有的徵象都是寧靜、莊嚴，而生動的。足能使每一個看見的人，感覺這絕不是虛假或狂妄的表現。

「這些異象所結的果子，說明他們的來源是與邪靈恰恰相反的。

「（一）它們倡明最純正的道德。它們反對一切的罪惡，並勸人實行各樣的美德。它們指出我們奔走天國道路，所必經的許多危險。它們揭露撒但的詭計，警告我們遠避他的羅網。它們也破壞了仇敵許多次企圖魚目混珠地滲入於我們當中的狂熱現象。它們揭露了隱藏的罪惡，顯明了不為人知的錯誤，並暴露了假弟兄的邪惡動機。它們屢次激勵我們更完全地獻身與上帝，更努力地追求內心的聖潔，並更殷勤地事奉我們的主。」

「（二）它們引領我們到基督面前。它們像《聖經》一樣，高舉基督為人類唯一的希望與救主。它們以生動的言辭，向我們闡明祂的聖潔和虔誠的榜樣，並以無可抗拒的勸勉，激勵我們跟從祂的腳步。」

「（三）它們引導我們更看重《聖經》。它們高舉《聖經》為

上帝所默示的，不可更改的聖言。它們勸勉我們，以《聖經》為我們的顧問，為我們信心與行為的準則。它們有力地勸我們深入而殷勤地研究其中的篇章，熟悉其中的教訓，因為這必在末日作為審判我們的標準。」

「（四）它們已經給許多人帶來安撫與慰藉的信息。它們已經堅強了軟弱的人，勉勵了灰心的人，振奮了絕望的人。它們從混亂中恢復了秩序，使彎曲的道路變為正直，也解決了黯淡而根深的問題。故此凡是思想開明的人，讀了這些號召人追求純正而高尚的道德，又高舉上帝與救主，斥責罪惡，並勸人轉向一切聖善之事的字句之後，就不得不說：『這不是鬼附之人所說的話。』（約翰福音10：21）。」

懷師母工作的價值

1915 年 7 月 16 日，懷師母在許多國家中，進行了足足七十年寫作和傳道的工作之後，就在加州聖特利那自己的家中，於耶穌裡面安息了。同年 7 月 24 日，她被葬在密西根州巴特溪的橡山墓園，她丈夫墳墓旁邊。基督復臨安息日會全球總會會長但以理牧師，在追思禮拜的講道中曾論到懷師母一生的工作說：

「也許我們現在還不能說，懷師母哪一部分的工作對於世人最有幫助，但似乎是她所留下的許多屬靈水準極高的宗教著作，將要對人類作出最大的貢獻。她所著的書有二十部之多，其中一部分已經譯成世界各國語言。它們的銷售總量已經達兩百萬冊之多，現今還是成千上萬地向外發行。」

「當我們觀察福音真理的全部範疇——人與上帝並人與人之間的關係時，我們必能看出懷師母一生的工作，已經賦與這些偉大的

基本要道以積極性、建設性的擁護。她已經觸及與人類生命休戚相關的需要，並且提拔到更高的水準上去。」

「現在她安息了。她的聲音已經沉寂，她的筆也放下來了，可是這一積極、有力、而充滿聖靈的人生的偉大感化力，必要繼續發揮其效能。她的生命是與永生上帝密切相聯的，是『靠上帝而行』的。她所宣講的信息和所作的工，已經留下一個永遠不會崩壞或消逝的記念。她所留下來的許多書卷涉及人生的各方面，提倡一切有關改進社會，包括家庭、城市與國家所必需的改革，這些著作要繼續陶冶公眾的觀感和個人的品格，而且人們將來要比過去更珍視這些著作。懷師母所獻身的事業，也是她在一生中多方塑造全力推進的事業，必要隨著歲月的流逝而突飛猛進。我們在聖工上有份的人，應該一無所懼，除非是我們不忠心地實踐應盡的本分。」

附錄三 ▪ 為基督復臨作準備
Appendix 3. Preparation for christ's Coming

註：此篇勉言乃摘錄自《彙報與先驅》，1853 年 2 月 17 日

親愛的弟兄姊妹：我們真是全心全意相信基督快要復臨，而且我們現在真擁有上帝所傳給一個有罪的世界的最後信息嗎？我們給人所立的榜樣是合宜的嗎？我們有沒有藉我們的生活和聖潔的言行向我們四圍的人說明，我們是等候我們救主耶穌基督榮耀的顯現，等祂將我們這些卑賤的身體改變形狀，和祂自己榮耀的身體相似呢？恐怕我們還沒有充分相信並體會到這些事。凡真相信我們所主持的真理之人，應當把他們的信仰實踐出來，現在信徒們太追求娛樂和世界上需要費心思的事，他們太注意穿衣服的事，他們口中充滿太多輕浮和無謂的閒談，這一切都足以否定我們的信仰，並證明我們不是天上的子民，不是在等候救主耶穌基督從天上降臨。

有天使在看守並保護我們，我們時常作無謂的閒談，講詼諧的話，有時還陷於麻痺糊塗的狀態中。雖然我們有時力爭勝利，結果也能獲勝，但如果我們不保持這勝利，常陷於疏忽大意漠不關心的狀態中，而不能忍受試探，抵抗仇敵，那麼，我們就不能使自己的

信心受試驗，比能壞的金子更顯寶貴了，我們就不是為基督的緣故受苦，不是在患難中誇耀。

我們太缺少基督化的毅力，和本著原則事奉上帝的心。我們不可設法滿足自己的心意和嗜好，卻要一心尊重並榮耀上帝，並在我們一切的言行上專以祂的榮耀為前提。如果我們能讓以下的話深入我們的心，並且駐留在我們的記憶之中，我們就不會那麼容易地陷入試探了。同時，我們都審慎檢點，少言少語，因為「祂為我們的過犯受害，為我們的罪孽壓傷。因祂受的刑罰，我們得平安；因祂受的鞭傷，我們得醫治。」（以賽亞書53：5）「凡人所說的閒話，當審判的日子，必要句句供出來；」（馬太福音12：36）「我坐下，我起來，你都曉得；你從遠處知道我的意念。」（詩篇139：2）

當我們思念這些重要的聖言，並默想耶穌如何受苦，為要使我們這些可憐的罪人可以承受赦罪之恩，並因祂的寶血而蒙救贖歸於上帝時，我們就不能不感到一種神聖的力量在約束著我們，以及一種願意為那曾為我們受苦的主受苦的熱切願望。如果我們常思念這些事，我們本來所捨不得的私心和虛榮心就必降卑，同時必有一種小孩子般的天真爛漫的心情代替之，這種心情是能忍受別人的責罵，而不輕易動怒的，這樣的人絕不為頑強的自私心理所支配。

一個真基督徒的喜樂和安慰必是在天上的，凡「嘗過上帝善道的滋味，明白來世權能」，並且為天上的喜樂所鼓舞的人，絕不會滿足於地上的事物。這等人一定能在他們空餘的時間從事有用的活動，他們的心靈必要時常與上帝聯絡。他們的財寶在哪裡，他們的心思也就在哪裡——同他們所敬愛所崇拜的上帝進行甜蜜的交通。他們的娛樂，在於思念他們的財寶——聖城新耶路撒冷、新天新地，就是他們永久的家鄉。當他們思考那些高尚、純正和聖潔的事物時，

天國就要臨近他們，他們便要感覺到聖靈的能力，這就必使他們漸漸遠離世俗，而在天上，就是他們甜美家鄉的事上，尋求他們的安慰和主要的喜樂。這時那吸引他們歸向上帝和天國的能力勢必非常強大，甚至任何事物都不足以引誘他們的思想轉離靈魂得救，和榮耀上帝的重大目標。

當我認識到上帝為要保守我們在義中，竟付出何等重大的代價，我就不由得感歎道：「唉！上帝的兒子向我們這些可憐的罪人竟表現何等的愛，何等奇妙的愛！當上帝正在為拯救我們而付出最大的努力時，我們還可以如此麻痺大意嗎？全天庭都對我們表示最深切的關懷。我們應該活躍起來，振作精神，將尊貴、榮耀和崇拜歸給那至高至上的主，我們的心靈應該向那憐愛我們的主湧出敬愛和感謝，我們應該用我們的生命尊榮祂，並藉純正和聖潔的言行顯明我們是頭生的，而且這世界不是我們的家，我們在世上無非作客旅，要旅行到更美的家鄉去。」

許多自稱信奉基督並等候祂降臨的人，還不明白為基督受苦的意義，他們的內心還沒有受恩典的馴服，他們也沒有對自私的心理看自己是死的，這可以在很多的事上看出來。同時他們還說自己是受了考驗，其實，他們受考驗的主要原因，在於一顆沒有被馴服的心。這就使自私的心理非常敏感，甚至很容易得罪他們。如果這一等人能認識到，作為一個謙卑的真實基督徒的意義，他們就必認真努力，並從頭就要有正確的言行。他們的第一步就是要對自私的心理看自己是死的，然後時刻祈禱，並控制內心的一切感情。弟兄們！務要放棄你們自恃和自滿的心理，而跟隨那謙卑的榜樣。要常保守耶穌在你們心裡，祂乃是你們的榜樣，你們必須追隨祂的腳蹤。要仰望那為我們的信心創始成終的耶穌，祂因那擺在前面的喜樂，就輕看羞辱，忍受了十字架的苦難。祂曾忍受罪人的頂撞，為了我們

的罪，祂曾經作一個溫柔、受傷、被擊打、折磨和被殺的羔羊。

　　既然如此，我們就應該欣然為耶穌受苦，每日將自己釘在十字架上，在今生與基督的苦難有分，使我們能在祂的榮耀上有分，承受榮耀、尊貴，永遠不朽的生命冠冕。

附錄四 ▪ 懷愛倫生平 1827-1915 年
Appendix 4. Biographical Notes

早年（1827～1860 年）

懷愛倫於 1827 年秋末，出生在美國緬因州歌爾罕鎮（又稱戈勒姆鎮）附近的一間農舍。她在波特蘭郊區，度過童年和青年時期。1846 年，她和懷雅各結婚。婚後，這對奮鬥的青年大婦先後住在新英格蘭的幾個地方，藉著探訪、傳道和出版，鼓勵和教導復臨信徒同道。他們在出版了 11 期不定期的《現代真理》期刊之後，於 1850 年在緬因州的巴黎鎮創辦了《復臨評論與安息日通訊》（現名《復臨信徒評論》，是美國歷史最悠久的宗教期刊之一）。後來他們一直往西搬遷，在 1850 年代初期，先到紐約州的薩拉托加市，然後到羅徹斯特，最後於 1855 年來到密西根州的巴特溪，居住達二十年之久。

1827 年 11 月 26 日：出生於緬因州歌爾罕鎮。

1836 年：在緬因州波特蘭傷了鼻子和腦震盪。

1840 年 3 月：初次聽到威廉・米勒耳傳講基督復臨的信息。

1842 年 6 月 26 日：受洗加入衛理公會。

1844 年 10 月 22 日：因基督未降臨而失望。

1844 年 12 月：初次見異象。

1845 年春：前往緬因州東部訪問信徒，遇見懷雅各。

1846 年 8 月 30 日：與懷雅各結婚。

1846 年秋：接受第七日為安息日。

1847 ～ 1848 年：在緬因州的托普縣從事家務。

1847 年 8 月 26 日：長子亨利·尼克斯出生。

1848 年 4 月 20-24 日：出席由守安息日的復臨信徒在康乃狄克州石
　　山所舉行的第一次集會。

1848 年 11 月 18 日：見異象開始出版工作《真光》。

1849 年 7 月：因 1848 年 11 月的異象，出版了 11 期《現代真理》的
　　首期。

1849 年 7 月 28 日：次子雅各·愛德生出生。

1849 ～ 1852 年：隨從事出版的丈夫到處搬家。

1851 年 7 月：第一本書《經歷與目睹》出版。

1852 ～ 1855 年：隨丈夫在紐約州羅徹斯特市出版《評閱宣報》和《青
　　年導報》。

1854 年 8 月 29 日：三子威廉·克拉倫斯出生。

1855 年 11 月：隨印刷工廠遷往密西根州的巴特溪。

1855 年 12 月：出版 11 頁的第一卷《教會證言》小冊子。

1856 年春：遷往伍德街自置的住宅。

1858 年 3 月 14 日：在俄亥俄州的拉維特格拉夫見到有關《善惡之爭》
　　的異象。

1860 年 9 月 20 日：四子約翰·赫伯特出生。

1860 年 12 月 14 日：三個月大的約翰夭折。

教會發展時期（1860 ～ 1868 年）

　　1860 年，懷愛倫夫婦帶頭致力於把「基督復臨安息日會」組

建成一個穩定的組織。這十年也是本會開始強調健康原理的重要時期，教會回應懷愛倫的呼籲，開始認識到健康生活在基督徒人生中的重要性。為了回應她在 1865 年所見的「聖誕節異象」，本會第一所健康機構「西部健康改良院」於 1866 年開辦，後發展成為巴特溪療養院。

1860 年 9 月 29 日：確定「基督復臨安息日會」的會名。

1861 年 10 月 8 日：組建密西根州區會。

1863 年 5 月：組建基督復臨安息日會總會組織。

1863 年 6 月 6 日：在密西根州歐特斯戈見有關健康改良的異象。

1863 年 12 月 8 日：長子亨利在緬因州的托普縣過世。

1864 年夏：《屬靈的恩賜》第四卷，以及 30 頁的健康論文出版。

1864 年 8 月、9 月：在前往麻薩諸塞州波士頓的途中，參觀傑克生在紐約州丹士維爾市的希爾塞德所辦的醫療機構「我們的家」。

1865 年：六本小冊《論健康》或《怎樣生活》出版。

1865 年 8 月 16 日：懷雅各中風。

1865 年 12 月 25 日：得見呼籲建立醫療機構異象。

1865 年 12 月：懷愛倫將懷雅各送到密西根州北部調養康復。

1866 年 9 月 5 日：巴特溪療養院的前身「西部健康改良院」成立。

1867 年：在密西根州的格林維爾購置農場，建築農舍，從事農作和寫作。

帳棚聚會時期（1868～1881 年）

懷愛倫分別在密西根州的格林維爾和巴特溪居住，直到 1872 年下半年。然後把她的時間在密西根州和加利福尼亞州之間分配，冬天從事寫作和出版，夏天去參加各地的帳棚年會，達 28 年之久。現在包括在《證言》第二卷至第四卷中第 14-30 輯，就是在這段時間

裡發表的。

1868 年 9 月 1-7 日：出席在密西根州賴特市魯特弟兄的楓園所舉行的基督復臨安息日會第一次帳棚大會。

1870 年 7 月 28 日：次子愛德生結婚，時年 21 歲。

1870 年：《先祖與先知》的前身《預言之靈》第一卷出版。

1872 年 7 月至 9 月：前往加利福尼亞州途中，在洛磯山停留和寫作。

1873 ～ 1874 年：分別在巴特溪和加利福尼亞州參加帳棚年會，1873 年有幾個月時間在科羅拉多州停留和寫作。

1874 年 4 月 1 日：得見聖工在加利福尼亞州、俄勒岡州和海外進展的異象。

1874 年 6 月：與懷雅各在加利福尼亞州的奧克蘭，創辦太平洋出版社和《時兆》雜誌。

1875 年 1 月 3 日：在巴特溪為巴特溪學院舉行奉獻禮。得見有關外國出版社的異象。

1876 年 2 月 11 日：三子——太平洋出版社經理威廉結婚，時年 21 歲。

1876 年 8 月：在麻薩諸塞州格羅夫蘭的帳棚年會上向兩萬人演講。

1877 年：《歷代願望》的前身《預言之靈》第二卷出版。

1877 年 7 月 1 日：在巴特溪向五千人講論節制問題。

1878 年：《歷代願望》的最後部分及《使徒行述》的前身《預言之靈》第三卷出版。

1878 年 11 月：在德克薩斯州過冬。

1879 年 4 月：離開德克薩斯州，前往參加夏天帳棚聚會工作。

1881 年 8 月 1 日：在巴特溪陪伴患病的丈夫。

1881 年 8 月 6 日：懷雅各去世。

1881 年 8 月 13 日：在巴特溪的懷雅各喪禮中作十分鐘的發言。

一八八〇年代（1881～1891 年）

1881 年 8 月懷雅各去世以後，懷愛倫定居加利福尼亞州，有時住在希爾茲堡，有時住在奧克蘭，忙於寫作和演講，直到 1885 年 8 月，應全球總會的邀請前往歐洲。她在歐洲的兩年時間裡，除了三次訪問斯堪的那維亞各國、英國和義大利之外，常住在瑞士的巴塞爾。1887 年 8 月她回到美國，不久就前往西部希爾茲堡她自己的家。她出席了 1888 年 10 月、11 月間在明尼阿波利斯舉行的總會代表大會。會後住在巴特溪，在中西部和東部各地教會中工作。她在東部逗留了一年後，回到加利福尼亞州。但到了 1889 年 10 月，她又應邀參加在巴特溪舉行的總會代表大會。她留在巴特溪附近，直到 1891 年 9 月前往澳大利亞。

1881 年 11 月：參加在沙加緬度舉行的帳棚聚會，並參與計畫在西部建立一所大學。該大學於 1882 年在希爾茲堡開辦。

1882 年：編輯她三本早年作品的《早期著作》出版。

1884 年：在奧勒岡州的波特蘭見最後一次記錄發表的異象。

1884 年：《善惡之爭》的前身《預言之靈》第四卷出版。

1885 年夏：離開加利福尼亞州前往歐洲旅行。

1888 年夏：《善惡之爭》出版。

1888 年 10 月、11 月出席在明尼阿波利斯舉行的總會代表大會。

1889 年：《證言》第五卷出版，包括第 31-33 輯，共 746 頁。

1890 年：《先祖與先知》出版。

1891 年 9 月 12 日：乘船經檀香山前往澳大利亞。

在澳大利亞年間（1891～1900 年）

懷愛倫應全球總會的邀請訪問澳大利亞，協助開展教育工作，於 1891 年 12 月 8 日到達雪梨。她在接受這個邀請時有些作難，因

為她希望完成她有關基督生平的巨著。到達之後不久，她就患上風濕性關節炎，臥病在床約八個月。她雖病得厲害，仍堅持寫作。1893 年初，她前往紐西蘭，工作到年底。12 月末她回到澳大利亞，參加在那裡舉行的第一次帳棚大會。在這次帳棚聚會中，計畫建立一所設在鄉間的學校，後來成為位於雪梨北面 145 公里庫蘭邦的艾蒙戴爾學院。懷愛倫也在附近買了一塊地，於 1895 年蓋了她的「向陽居」，定居下來，專心從事寫作和到各教會的巡行，直到 1900 年 8 月返回美國。

1892 年 6 月：在墨爾本租來的兩座房舍中，為澳大利亞《聖經》學校開學典禮演講。

1892 年：《喜樂的泉源》和《傳道良助》出版。

1894 年 1 月：參加制定在澳大利亞建立固定學校的計畫。

1894 年 5 月 23 日：參觀庫蘭邦校址。

1895 年 12 月：遷居庫蘭邦「當陽居」。《歷代願望》大部分是在這裡寫成的。

1896 年：《福山寶訓》出版。

1898 年：《歷代願望》出版。

1899 ～ 1900 年：鼓勵建立雪梨療養院。

1900 年：《天路》（又名《基督比喻實訓》）出版。

1900 年 8 月：離開澳大利亞返回美國。

定居榆園時期（1900～1915 年）

懷愛倫自定居在加利福尼亞州北部聖赫勒那附近的榆園新居之後，希望用大部分的時間來寫作。這時她已 72 歲，但她還有好幾部書想要完成。她沒有意識到自己有許多旅行、指導和演講的任務需要承擔。巴特溪的種種爭論所引起的危機，也需要她用光陰和精力

去解決。雖然如此，她還是利用清晨的時間寫作，在她定居榆園期間，完成了 9 部著作。

1900 年 10 月：定居榆園。

1901 年 4 月：出席在巴特溪舉行的總會代表大會。

1902 年 2 月 18 日：巴特溪療養院失火。

1902 年 12 月 30 日：《評閱宣報》出版社失火。

1903 年 10 月：應付泛神論的危機。

1904 年 4 月至 9 月：前往東部協助開創在首都華盛頓的工作，探視
　　在納什維爾的次子愛德生，並出席幾次重要的會議。

1904 年 11 月至 12 月：參加樂園谷療養院的尋地和建院。

1905 年 5 月：出席在首都華盛頓舉行的全球總會大會。

1905 年：《服務真詮》出版。

1905 年 6 月至 12 月：參加羅馬林達療養院的尋地和建院

1906 ～ 1908 年：在榆園忙於寫作。

1909 年 4 月至 9 月：81 歲，仍前往首都華盛頓出席全球總會代表大
　　會。這是她最後一次東部之行。

1910 年 1 月：在羅馬林達醫療佈道學院的開辦工作中發揮重要作用。

1910 年：專心從事完成《使徒行述》的寫作和《善惡之爭》的再版，
　　至 1911 年。

1911 ～ 1915 年：因高齡之故，只有幾次前往加利福尼亞州南部。
　　留在榆園從事寫作，完成《先知與君王》和《基督教育之研究》。

1915 年 2 月 13 日：在榆園家中跌倒摔斷髖骨。

1915 年 7 月 16 日：結束了她多結果子的一生，享年 87 歲。她最後
　　的遺言是：「我深知我所信的是誰。」《證言》第六卷至第九卷，
　　也是在她定居榆園期間出版的。

國家圖書館出版品預行編目資料

懷愛倫的信仰旅程：基督徒經驗談／懷愛倫（Fllen White）著；
時兆出版社編輯部編譯. -- 初版. -- 臺北市：時兆, 2014.05 面；公分
譯自：Christian Experience and Teachings of Ellen G. White
ISBN 978-986-6314-46-9（平裝）

1. 懷愛倫（White, Ellen） 2.基督教傳記

244.952　　　　　　　　　　　　　　　　103004804

懷愛倫
的信仰旅程
CHRISTIAN EXPERIENCE
and TEACHINGS of
Ellen G. White
基督徒經驗談

董 事 長	李在龍	
發 行 人	周英弼	
出 版 者	時兆出版社	
客 服 專 線	0800-777-798	
電　　話	886-2-27726420	
傳　　真	886-2-27401448	
地　　址	台灣台北市 10556 八德路二段 410 巷 5 弄 1 號 2 樓	
網　　址	http://www.stpa.org	
電 子 信 箱	stpa@ms22.hinet.net	

作　　者	懷愛倫
譯　　者	時兆出版社編輯部
繪　　者	孫傳莉
責 任 編 輯	周麗娟
文 字 校 對	由鈺涵、陳美如
美 術 設 計	邵信成
法 律 顧 問	洪巧玲律師事務所

商 業 書 店	總經銷——聯合發行股份有限公司　Tel:886-2-29178022
基督教書房	總經銷——Tel:0800-777-798
網 路 商 店	http://www.pcstore.com.tw/stpa

I S B N	978-986-6314-46-9
定　　價	新台幣 NT$250 元
出 版 日 期	2014 年 5 月 初版 1 刷